POUVOIR
LIBERTÉ
ET GRÂCE

Du même auteur, chez le même éditeur :

Le livre des secrets, 2005
Osons la paix, 2006
La maternité, une aventure fabuleuse, 2006
Les sept lois spirituelles du succès, 2007
Il y a une vie après la mort, 2007

Titre original : *Power, Freedom and Grace*

Traduit de l'anglais (américain) par Eric Villeroc

photos : Jeremiah Sullivan
couverture : Mahaveer Swami, détail de *Bhagavad Gita*

www.tredaniel-courrier.com
info@guytredaniel.fr

ISBN : 978-2-84445-733-2

Deepak Chopra

Pouvoir Liberté et Grâce

Trouver la source du bonheur éternel

Guy Trédaniel Éditeur
19, rue Saint-Séverin
75005 Paris

A l'Être immortel qui réside en chacun de nous.

Remerciements

Je suis très reconnaissant à Janet Mills
d'avoir su capter avec zèle l'essence
de mes conférences, au fil des ans,
et de m'avoir aidé à mener
ce manuscrit à son terme.

Première partie

Le Problème

Nous ne savons pas qui nous sommes

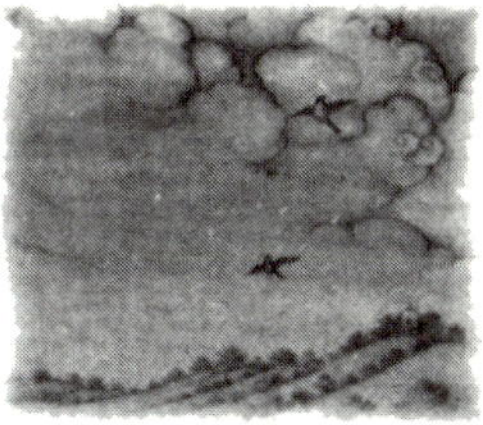

• 1 •

Qu'est-ce que je veux ?

Bon - heur [bɔn - œʀ] *:*
Sensation de grand plaisir, sentiment de satisfaction ou de joie.

Si vous vous êtes senti attiré par ce livre, il y a une raison à cela. Il se peut que votre âme vous adresse une invitation à entrer en contact avec la partie la plus profonde de votre être. Votre moi profond, votre être essentiel, est la source de tout ce qui Est, le champ de pure conscience qui se manifeste à travers l'infinie diversité de l'univers. Le pouvoir, la liberté et la grâce sont des attributs de ce champ. De même que le bonheur, la joie et la félicité.

Au fil de ma carrière, des milliers de gens sont venus me voir, confrontés à divers problèmes et défis dans leur vie. J'ai commencé ma vie professionnelle comme médecin et, au début, la plupart des personnes que je rencontrais souffraient d'une maladie comme le cancer ou les pathologies cardiaques. Un jour, j'étais avec un patient qui souffrait du cœur quand soudain je lui demandai : « Pourquoi voulez-vous guérir ? ».

Son regard semblait me dire *: En voilà une question ridicule !* Il me répondit : « N'est-il pas propre à tout le monde de vouloir guérir, quand on est malade ? »

« Oui, dis-je, mais *vous*, pourquoi voulez-*vous* guérir ? »

Il répliqua : « Si je guéris, je pourrai reprendre le travail et gagner plus d'argent. »

Sans trop savoir pourquoi, je continuai de lui demander *pourquoi.* « Pourquoi voulez-vous gagner plus d'argent ? »

Visiblement amusé, il accepta de se prêter au jeu et me dit : « Parce que je veux envoyer mon fils dans une bonne université. »

Je lui demandai donc *pourquoi* il voulait envoyer son fils dans une bonne université.

À quoi il répondit : « Je veux qu'il reçoive une excellente éducation, afin qu'il fasse une bonne carrière. »

Je continuai de lui poser la même question : *Pourquoi, pourquoi, pourquoi*... À la fin, il me fit pour réponse : « Parce que je veux être heureux. »

Depuis ce jour, j'ai joué à ce petit jeu non seulement avec des malades qui voulaient guérir, mais avec quiconque souhaitait quoi que ce soit. Vous pouvez aussi vous y essayer. Demandez aux gens ce qu'ils désirent et, après qu'ils vous ont répondu, continuez de leur demander *pourquoi,* jusqu'à ce que vous parveniez à l'ultime réponse : « Parce que je veux être heureux. »

Le bonheur semble être la finalité ultime de tous nos autres buts. Pourtant, la plupart des gens le recherchent par des chemins détournés. Nous avons des buts matériels, comme de vouloir une maison plus grande, une meilleure voiture ou des articles de luxe. Nous avons des buts relationnels. Nous voulons nous sentir en sécurité ; nous voulons être acceptés. Nous souhaitons pouvoir nous exprimer librement, de façon créative. Certains d'entre nous désirent peut-être la richesse ou le pouvoir ; d'autres voudraient être célèbres. Mais si vous demandez aux gens pour quelle raison ils souhaitent toutes ces choses, la réponse finale est toujours la même : ils sont convaincus que s'ils les obtiennent, *alors*, ils seront heureux.

Plus je parlais aux gens, plus une idée commençait à prendre forme en moi. *Pourquoi ne pas faire du bonheur notre but premier ? Pourquoi le rechercher à travers tous ces intermédiaires ?* Ce qui me fit découvrir quelque chose d'encore plus intéressant. Quand on fait du bonheur son but premier, plutôt qu'un objectif secondaire, on réalise facilement tout ce qu'on désire.

De nombreuses traditions affirment que si vous cherchez en premier ce qu'il y a de plus élevé, tout le reste viendra à vous. Dans le Nouveau Testament, par exemple, Christ dit : « Cherchez tout d'abord le Royaume des Cieux, et tout le reste vous sera donné par surcroît. » Le Royaume des Cieux n'est pas un lieu éloigné, dans un coin perdu de l'univers ; c'est un état de conscience. Pour le bonheur, c'est pareil.

La plupart des gens disent : « Je suis heureux *parce que*… parce que j'ai une famille et des amis, parce que j'ai un travail que j'aime, parce que j'ai de l'argent et la sécurité. » Tous ces motifs de bonheur sont précaires ; ils viennent et repartent comme la brise qui ne fait que passer. Et lorsque le bonheur nous échappe, nous recherchons le plaisir par des comportements addictifs, dans l'espoir inconscient de connaître la joie. Mais lorsqu'il est d'origine extérieure, le bonheur ne procure aucune joie réelle. La joie est un état de conscience intérieur qui détermine la façon dont nous percevons et ressentons le monde. La source intérieure de la joie – notre lien avec le Créateur, notre source, notre moi intérieur – est la cause, et le bonheur l'effet.

Si vous n'êtes plus en contact avec la source intérieure de votre joie, si le bonheur que vous connaissez est toujours le fruit de circonstances extérieures, alors vous êtes à la merci de chaque situation et de chaque personne que vous rencontrez. Un tel bonheur demeure toujours insaisissable.

Le Vedanta, l'une des plus anciennes philosophies au monde, affirme que le bonheur dû à une raison n'est qu'une autre forme de malheur, parce que cette raison peut toujours nous être retirée, à tout moment. Être heureux sans raison, voilà le genre de bonheur qu'il nous faut connaître.

Le bonheur, en tant qu'état de conscience, existe déjà en nous, mais il est généralement masqué par toutes sortes de distractions. De même qu'un magnifique lever de soleil peut être caché par les nuages, de même, notre bonheur intérieur est masqué par nos préoccupations quotidiennes. Notre conditionnement social et notre attention restreinte nous empêchent d'apercevoir ce royaume des cieux, dissimulé dans les profondeurs de notre cœur. Mais nous pouvons apprendre à nous élever au-dessus des nuages de nos conditionnements et à redécouvrir cette source de joie qui existe au plus profond de nous. Une fois qu'on l'a découverte, des choses merveilleuses et miraculeuses commencent à se produire. En exprimant notre bonheur, nous nous sentons liés à la puissance créative de l'univers. Ayant établi ce lien, nous avons le sentiment que rien ne peut plus nous empêcher d'accomplir tout ce que nous voulons.

Quand notre vie devient l'expression de cet état de bonheur intérieur, nous découvrons en nous un immense réservoir de pouvoir. Celui-ci nous libère de la peur et des limitations, il nous permet de réaliser l'abondance à laquelle nous aspirons. Plus important encore, ce pouvoir infuse toutes nos relations et les rend pleinement satisfaisantes. Nous nous surprenons à devenir des sources de lumière et d'amour, de sorte que notre seule présence illumine tout notre environnement. Des gens ont alors envie de nous aider à réaliser nos désirs, et même la nature répond à nos intentions.

Plus nous vivons dans cet état de bonheur, plus nous observons la réalisation spontanée de nos désirs, sous la forme de synchronicités et de coïncidences significatives. Dans de nombreuses traditions, on appelle cela l'état de grâce. Être en état de grâce, c'est se trouver au bon endroit au bon moment, c'est être soutenu par les lois de la nature ou par la « chance ». Quand on est en état de grâce, on dirait que l'esprit cosmique espionne nos pensées, comble nos désirs et concrétise nos intentions, sitôt que ceux-ci se manifestent en nous.

Mais ce n'est pas tout. Même si le bonheur est la finalité de tous nos autres buts, ce que nous voulons vraiment, au-delà même du bonheur, c'est comprendre le mystère de notre existence. Jusqu'à ce que nous y soyons parvenus, nous demeurerons insatisfaits, peu importe le nombre de nos désirs qui se seront réalisés, parce qu'une voix intérieure continuera de nous harceler. Cette voix demande : *Qui suis-je ? D'où viens-je ? Quel est le sens et le but de mon existence ? Où vais-je après la mort ?*

Personne ne peut nous fournir la réponse à ces questions. Si nous acceptons celles que nous ont données nos parents, notre culture ou notre religion, alors nous faisons preuve d'une foi aveugle. Quand on n'a pas acquis une certitude par soi-même, mais qu'on se contente d'*espérer* qu'elle soit vraie, on y croit seulement parce qu'une autorité nous a dit d'y croire. Les croyances de ce type ne servent qu'à masquer notre insécurité et, de nos jours, relèvent d'une certaine naïveté.

La science a beaucoup enrichi notre compréhension des lois de la nature et de leur fonctionnement. Il n'est pas nécessaire de *croire* à l'électricité ; on en voit la preuve dans une ampoule électrique. Nous n'avons pas non plus à croire aux autres forces de la nature, telle que la gravité. Nous savons que celle-ci existe, parce que nous en faisons l'expérience. De manière analogue, donc, si l'âme existe, si la vie après la mort existe, il n'est pas nécessaire d'y croire. Nous n'avons que faire de la croyance. Ce qu'il nous faut, c'est comprendre ces réalités et en faire l'expérience. Pourquoi aurions-nous à nous en remettre à une foi aveugle, sur les questions les plus profondes de l'existence ? N'y a-t-il pas moyen d'en découvrir les réponses par nous-mêmes ?

Existe-t-il des moyens que nous puissions utiliser pour explorer les choses par nous-mêmes, de façon à avoir une compréhension directe du mystère profond de l'existence ? Se pourrait-il également que cette compréhension parvienne à satisfaire notre esprit rationnel et ce que la science et la cosmologie nous ont appris sur l'univers ?

Je forme le vœu, à mesure que vous lirez ce livre, que vous redécouvriez ce que vous savez déjà au plus profond de vous-même et que, par cet acte de remémoration, il vous soit donné de connaître un émerveillement immense, un amour illimité et une profonde humilité. Le moi intérieur de chaque être humain attend patiemment que nous soyons prêts ; puis, il nous invite à pénétrer dans le mystère lumineux de l'existence, au sein duquel toutes choses sont créées, nourries et régénérées. En présence de ce mystère, non seulement on se guérit soi-même, mais on guérit le monde aussi.

Il ne saurait y avoir de tâche plus importante, dans notre vie, que d'entrer en contact avec notre moi intérieur, la source de tout ce qui Est. Le moi profond de chacun de nous est le Moi de l'univers tout entier, et c'est aussi la source de toute guérison et de toute transformation.

Le monde attend depuis longtemps notre transformation, parce que lui aussi souhaite se transformer. Si nous nous transformons, le monde se transformera, parce que le monde et nous ne faisons qu'un.

Entamons donc ce voyage dès maintenant.

Points-Clés

- Le bonheur est le but de tous nos buts, c'est un état de conscience qui existe déjà en nous.

- Le bonheur dû à une raison n'est qu'une autre forme de malheur, parce que cette raison peut toujours nous être retirée, à tout moment. Être heureux sans raison, voilà le genre de bonheur qu'il nous faut connaître.

- Quand notre vie est l'expression de notre bonheur intérieur, nous nous sentons reliés au pouvoir créateur de l'univers. En raison de ce lien, nous avons le sentiment de pouvoir accomplir tout ce que nous désirons.

• 2 •

Qui suis-je ?

U – ni - vers [y - ni - vɛʀ] *:*
Un chant[1] *; la totalité de tout ce qui existe.*

D'après le Vedanta, il n'existe que cinq causes à la souffrance humaine. La première, c'est de ne pas savoir qui l'on est. La seconde, de s'identifier à son ego ou à son image de soi. La troisième est l'attachement à ce qui est éphémère et irréel. La quatrième est d'avoir peur de ce qui est éphémère et irréel. Et la cinquième est la peur de la mort. Le Vedanta ajoute que les cinq causes de la souf-

1. Cf. chapitre 9 pour une explication de cette définition que fait Chopra du mot *univers (un vers)*. NDT

france sont toutes contenues dans la première d'entre elles : ne pas savoir qui nous sommes. Si l'on parvient à répondre à cette seule question fondamentale : *Qui suis-je ?*, on trouvera les réponses à toutes les autres questions connexes, telles que : *D'où viens-je ?*, *Quel est le sens et le but de ma vie ? Où vais-je après ma mort ?*

Imaginons maintenant que quelqu'un vous demande, « Qui êtes-vous ? », vous répondriez probablement, « Oh, je m'appelle Untel. Je suis Français, ou Japonais, ou président de telle entreprise. » Toutes ces réponses ont trait à votre image de soi ou à un objet qui vous est extérieur : un nom, un lieu, une situation. Ce processus d'identification à votre image de soi ou aux objets de votre expérience s'appelle *référence à l'objet.*

Vous pouvez également vous identifier à votre corps et dire : « Ceci est mon corps. Cette enveloppe de chair et d'os : voilà ce que je suis. » La question qui se pose alors est : *Qu'est-ce que le corps et pourquoi dire qu'il est à vous ?* Ce corps dont vous dites qu'il est *vôtre* est en réalité constitué de la matière première de l'univers : de la terre recyclée, de l'eau et de l'air. Mais il en va de même de l'arbre que vous voyez par la fenêtre. Pourquoi donc dire que votre corps est à vous, alors que vous ne considérez pas les étoiles, la lune ou encore les arbres que vous observez par la fenêtre comme étant *vôtres* ? Bien sûr, votre corps peut vous paraître plus proche de vous, mais cela veut dire que vous savez où le « je suis » que vous *pensez* être est physiquement localisé.

Beaucoup de gens ont l'impression que le « Je » dont ils se nomment, cette conscience qu'enveloppe la peau, se situe quelque part au niveau de la tête. D'autres personnes estiment qu'il se trouve plutôt derrière le cœur ou le plexus solaire. Mais aucune expérience n'a jamais trouvé le centre de la conscience en un point précis de l'espace et du temps.

Un éclairage intéressant nous est livré à la fois par la science védique et par la kabbale juive : selon ces sources, notre centre de conscience est le centre de la totalité de l'espace et du temps. Il est à la fois partout et nulle part. Mais, l'espace d'un instant, partons du principe que votre conscience se trouve effectivement là où vous êtes physiquement assis. Si l'univers est de dimensions infinies – comme l'affirment les physiciens – alors il s'étend à l'infini dans toutes les directions, à partir d'où vous êtes. Vous êtes donc au centre de l'univers, tout comme moi, puisque l'infini s'étend aussi dans toutes les directions à partir d'où je me trouve. L'univers s'étend de même infiniment à partir d'une personne en Chine, d'un chien en

Sibérie ou d'un arbre en Afrique. La vérité, c'est que je suis ici, mais que je suis aussi partout ailleurs, puisqu'*ici* c'est *ailleurs* depuis tous les autres points de l'espace. Vous êtes *là*, mais vous êtes aussi partout ailleurs, puisque *là* est partout, ou en aucun lieu spécifique.

En d'autres termes, la localisation dans l'espace est une question de perception. Lorsque nous affirmons que la lune est proche et que le soleil est éloigné, cela n'est vrai que de notre point de vue spécifique. En réalité, il n'y a ni haut ni bas, ni nord ni sud, ni est ni ouest, ni ici ou là. Il n'existe que des points de référence, par commodité. Tout ce qui existe dans le cosmos est non local, ce qui veut dire qu'on ne peut rien limiter à ici ou là, ni à où que ce soit.

Mais mes yeux m'affirment le contraire. Je suis ici et vous êtes là, où que vous vous trouviez. Nous ferions donc mieux de ne pas faire trop confiance à nos sens. Mes yeux me disent que la terre est plate, mais plus personne ne croit cela, aujourd'hui. Mes perceptions sensorielles m'indiquent que le sol sur lequel je me tiens est stationnaire, mais la science m'a appris que la Terre tourne sur son axe et qu'elle file dans l'espace à des milliers de kilomètres-heure. Ces mêmes perceptions me disent que les objets que je tiens sont solides, mais cela non plus n'est pas vrai. Nous savons qu'ils sont faits d'atomes, eux-mêmes constitués de particules qui tourbillonnent autour d'immenses espaces vides.

La perception de l'univers matériel est une superstition que nous avons élaborée pour avoir appris à faire confiance à nos sens. En réalité, l'univers est un chaos de soupe énergétique et nous ingérons ce bouillon par nos cinq sens, avant de le convertir en réalité matérielle dans notre conscience. Nos sens transforment une énergie dépourvue de masse en son et vibration, en forme et apparence solide, en texture et couleur, en odeur et goût. Et l'interprétation que nous faisons de cette soupe énergétique structure notre réalité et crée le type de perception qui nous est propre. La plupart du temps, nous faisons tout cela inconsciemment, du fait de notre conditionnement social. Les philosophes ont nommé cela *l'hypnose du conditionnement social.* Lorsque nous sommes victimes de cette hypnose, nous croyons à la *superstition du matérialisme.*

Cette superstition matérialiste considère l'expérience sensorielle comme le test ultime de la réalité. Dans la vision du monde qui en résulte, la réalité est ce que l'on voit de ses yeux, ce que l'on entend de ses oreilles, ce qu'on sent avec son nez, qu'on goûte avec sa bouche ou qu'on touche de ses mains. Si une énergie ou une information est inaccessible à nos sens, nous avons tendance à considérer qu'elle n'existe pas. Et l'intellect, avec son système logique à structure linguistique, sert ensuite à justifier cette perception erronée de la réalité.

L'expérience sensorielle est totalement illusoire ; elle est aussi irréelle qu'un fantasme ou un rêve. La couleur rouge existe-t-elle vraiment ? Chacune des couleurs que vous voyez est une certaine longueur d'onde lumineuse, et la lumière que vous percevez ne représente qu'une fraction de tout ce qui existe. Combien de temps vous agripperez-vous à un monde d'illusion ? Vous pouvez croire que vous êtes le corps que vos sens parviennent à localiser dans l'espace et le temps, mais ce corps est un champ constitué de vibrations invisibles, qui n'a aucune limite spatiotemporelle.

Donc, vous n'êtes peut-être pas l'image à laquelle vous vous identifiez, ni davantage votre corps. Dans ce cas, vous êtes au moins vos pensées et vos sentiments. Mais qui peut prétendre savoir honnêtement d'où viennent les pensées et les sentiments ? D'où viennent-ils et où disparaissent-ils ?

S'il vous est impossible de revendiquer l'exclusivité des objets de votre perception, de votre corps, voire de vos pensées et de vos sentiments, alors que reste-t-il qui soit vraiment *vôtre* ? C'est là que la connaissance du Vedanta peut nous sauver. Si vous remplacez le terme *exclusif* par celui d'*inclusif*, alors vous n'êtes pas *seulement* ces objets, vous n'êtes pas *seulement* ce corps, ni *seulement* ces pensées et ces sentiments. Vous êtes *toutes* choses, vous êtes *tous* les corps, vous êtes *toutes* les pensées et *tous* les sentiments. Vous êtes le champ de tous les possibles.

Votre moi essentiel, votre essence *réelle*, est un champ de conscience qui interagit avec son propre moi, puis devient à la fois la psyché et le corps. En d'autres termes, vous êtes une conscience ou un esprit qui, ensuite, conçoit, construit, régit puis devient la psyché et le corps. Votre moi réel est inséparable des formes d'intelligence qui imprègnent toutes les fibres de la création.

Au niveau existentiel le plus profond, vous êtes l'Être, à la fois nulle part et partout. Il n'existe pas d'autres « vous » que le cosmos tout entier. L'esprit cosmique crée l'univers physique, et l'esprit personnel le perçoit. Mais en réalité, l'esprit cosmique comme l'esprit personnel sont tous deux imprégnés de la conscience infinie. Celle-ci est notre source et toute manifestation lui est inhérente.

Quand elle s'observe elle-même, la conscience infinie crée la notion d'observateur, c'est-à-dire l'âme ; le processus d'observation, c'est-à-dire le psychisme ; et ce qui est observé, c'est-à-dire le corps et le monde. L'observateur et l'observé engendrent des relations entre eux ; ainsi naît l'espace. Le mouvement de ces relations provoque des événements ; ainsi apparaît le temps. Mais toutes ces choses ne sont rien d'autre que la conscience infinie elle-même.

En d'autres termes, nous sommes la conscience infinie, dotée d'un point de vue localisé. Pourtant, tout notre système de pensée sépare l'observateur de l'observé ; il divise la conscience infinie en un univers d'objets séparés par le temps et l'espace. L'intellect nous emprisonne dans une cage d'images fictives, dans une trame spatiale suffocante et dans la causalité. C'est ainsi que nous perdons contact avec la véritable nature de notre réalité qui est puissante, illimitée, immortelle et libre.

Nous sommes tous prisonniers de l'intellect. Et son erreur, en un mot, est la suivante : il confond *l'image* de la réalité avec la réalité elle-même. Il rétrécit l'âme au volume du corps, à la durée d'une existence humaine, et le sort de la mortalité en est jeté. L'*image* du moi prend le dessus sur le Moi illimité, et nous nous sentons coupés ou déconnectés de la conscience infinie, qui est notre source. C'est le commencement de la peur, le début des souffrances et de tous les problèmes de l'humanité, de nos petites insécurités à nos grandes catastrophes, telles que la guerre, le terrorisme et tous les autres actes de dégradation. Pour qui est enfermé dans la prison de l'intellect, tout est effectivement souffrance. Mais la cause de cette souffrance peut être évitée. L'ignorance de notre nature véritable plonge notre moi intérieur dans l'obscurité. Mais lorsque l'ignorance est balayée, la nature puissante et illimitée du moi intérieur se révèle.

Au début, tout cela peut vous sembler bien étrange et abstrait, mais si vous vous accrochez à cette notion et que vous la comprenez, vous ferez la plus extraordinaire des découvertes : votre moi réel est non matériel, aussi n'est-il pas sujet aux limitations de l'espace, du temps, de la matière et de la causalité. L'âme, l'esprit, votre moi essentiel, est au-delà de tout cela. En cet instant précis, vous êtes entouré d'un champ de pure conscience. La conscience pure illumine et anime votre corps et votre esprit, et elle est puissante, nourricière, invincible, illimitée et libre. La conscience pure, l'esprit éternel, anime tout ce qui existe, aussi est-elle omnisciente (elle sait tout), omniprésente (simultanément partout) et omnipotente (toute-puissante).

Si vous ne comprenez pas pleinement ces choses, pour l'instant, ne vous inquiétez pas. Dans les chapitres qui suivent, nous étudierons de plus près les différentes expressions de l'esprit, du moi intérieur, de la source de tout ce qui est. À mesure que vous lirez ces pages, vous acquerrez une meilleure compréhension de qui vous êtes véritablement. Une fois que vous aurez pleinement saisi cela, vous vivrez votre existence dans la joie. Non seulement vous aurez le pouvoir d'accomplir tout ce que vous voulez, mais vous serez vraiment libre et vous jouirez de la grâce. Cela veut dire que vous n'aurez plus jamais peur, pas même de la mort.

Points-clés

- Vous êtes un champ de conscience ; votre essence véritable est pure conscience, ou esprit, et devient ensuite fonctions psychiques et corps.

- L'intellect confond *l'image* de la réalité avec la réalité elle-même, et cette image prend le dessus sur votre moi *véritable.*

- Lorsque vous vous identifiez à votre essence véritable, vous vous échappez de la prison de l'intellect et vous pénétrez dans le monde de l'infini, de l'illimité et de la liberté.

• 3 •

Pourquoi ai-je oublié qui je suis ?

Su – per – sti - tion [sy - pɛʀ - sti - sjɔ̃] *:*
Une croyance fondée sur la peur ou sur l'ignorance des lois de la nature.

Quelle est cette chose que nous appelons notre *corps* ? Et cette autre chose que nous nommons notre *esprit* ? Ainsi que nous allons le voir, l'idée que nous nous faisons habituellement du corps et de l'esprit se fonde sur des notions obsolètes, sur des *superstitions* auxquelles on nous a appris à croire. Nos perceptions sensorielles et notre conditionnement social nous font oublier qui nous sommes. Il existe une réalité plus profonde que le corps, et que l'esprit aussi. Et cette réalité plus profonde, c'est justement ce que nous désirons connaître, car c'est d'elle que sont issus à la fois le corps et l'esprit.

La physique quantique nous apprend que le monde est composé d'un champ d'intelligence sous-jacent qui se manifeste à travers l'infinie diversité de formes de l'univers. Perçu de façon subjective, ce champ d'intelligence est notre esprit ; appréhendé de manière objective, c'est le monde des objets matériels. L'esprit et la matière ne sont pas des entités séparées ; ils forment essentiellement une seule et même chose. Notre être essentiel, une fois dépouillé de ses couches superficielles physiques et psychiques, n'est ni esprit ni matière, mais la source des deux. En d'autres termes, le corps humain est aussi l'esprit humain. Nous formons en réalité un corps-esprit ; on ne peut pas vraiment les séparer l'un de l'autre. De même, on ne peut pas confiner l'esprit au cerveau, ni même au corps, parce qu'il s'étend au-delà du corps, à tout l'univers.

La superstition matérialiste affirme que le corps humain est un amas de matière solide, séparé des autres objets dans l'espace et le temps. Mais les objets « solides » ne sont pas solides du tout, pas plus qu'ils ne sont séparés les uns des autres. Les objets sont des points focaux, ou des concentrations d'intelligence, au sein du champ d'intelligence. Aux niveaux les plus fondamentaux de la nature, il n'existe pas de frontières clairement établies entre notre corps personnel et celui de l'univers. La connaissance de ce fait nous libère de l'hallucination d'un moi séparé, vivant dans un corps distinct.

Si nous pouvions voir le corps humain à travers les yeux d'un physicien, tel qu'il est *réellement*, nous ne verrions qu'un vide immense, avec de rares points éparpillés et quelques décharges électriques aléatoires. Le corps est fait d'atomes, lesquels sont à leur tour constitués de particules qui tourbillonnent à des vitesses étourdissantes autour d'immenses espaces vides. Les physiciens leur ont donné des noms amusants, tels que *leptons, quarks, mésons,* etc. Ces particules nous procurent la sensation de matière, par l'intermédiaire des sens, mais ce ne sont en aucun cas des entités matérielles. Ce sont des fluctuations d'information et d'énergie, au sein d'un vide gigantesque. Ces particules émergent continuellement du vide, se créent, rebondissent, se heurtent, avant de disparaître à nouveau dans le vide.

Le champ d'intelligence qui est responsable de l'expression matérielle du corps se compose essentiellement de fluctuations quantiques dans le vide spatial. Le corps humain *lui-même* est fondamentalement de l'espace vide, mais ce dernier n'est pas un vide fait de rien ; il est plénitude d'intelligence non matérielle. Il est pure conscience.

Le point essentiel à retenir, c'est que notre véritable nature est un champ d'intelligence non matériel. Certains scientifiques nomment *champ unifié* ce fondement essentiel de notre être, parce que c'est le champ de tout l'univers. Et lorsque ce dernier pense et interagit avec lui-même, le monde matériel en surgit comme son expression.

La superstition matérialiste considère le corps humain comme une sculpture figée, fixée dans le temps et l'espace, mais le corps-esprit est en réalité une structure intelligente, changeante et pulsante. C'est une rivière d'énergie et d'information, une structure énergétique fluide, dynamique et constamment changeante, qui ne cesse de se recréer. Le philosophe grec Héraclite a dit, « Vous ne pouvez pas pénétrer deux fois dans la même rivière, parce qu'une eau nouvelle s'y écoule sans cesse. » De même, nous ne pouvons pas pénétrer deux fois dans le même corps, car à chaque seconde de l'existence, notre corps personnel échange de l'énergie et de l'information avec notre corps élargi, à savoir l'univers.

Quel que soit le processus que nous observions – la respiration, l'alimentation, la digestion, le métabolisme et même la pensée, qui est fondamentalement une fluctuation d'énergie et d'information, au sein du corps – nous voyons comment le corps se renouvelle à chaque seconde de notre existence de façon spectaculaire, rapide et naturelle.

À chaque inspiration, nous absorbons des milliards d'atomes qui se retrouvent ensuite dans les cellules de notre cœur, de nos reins, du cerveau, etc. À chaque expiration, nous rejetons des fragments de nos tissus et organes, que nous échangeons avec l'atmosphère de cette planète. Les études d'isotopes radioactifs montrent que le corps remplace les 98 % de ses atomes en moins d'un an. Il se refait une nouvelle muqueuse stomacale tous les cinq jours, une nouvelle peau tous les mois, un nouveau foie toutes les six semaines, et un nouveau squelette tous les trois mois. Même notre ADN, le matériau génétique qui contient la mémoire de milliards d'années d'évolution, n'était pas le même il y a six semaines. Donc, si vous croyez être votre corps physique, de quel corps parlez-vous ? Le corps que vous avez aujourd'hui n'est plus le même que celui d'il y a trois mois.

La superstition matérialiste considère le corps comme une machine physique qui a appris – on ne sait trop comment – à penser ; mais en réalité, c'est la conscience infinie qui a créé la psyché, Dieu sait comment, et qui se manifeste sous la forme du corps. Le corps est une structure intelligente, au sein d'un champ de pure conscience. De ce dernier, de cet « espace essentiellement vide » du corps, émergent les pensées, les sentiments et les émotions qui deviennent ensuite les molécules du corps.

Au niveau primordial, la pensée est une impulsion d'énergie et d'information, issue du champ de pure conscience. La pensée, c'est cette infime impulsion que nous percevons à tout moment dans notre conscience, qui nous pousse à boire un verre d'eau ou à marcher de tel point à tel autre. Mais ce n'est pas seulement une pensée ; c'est un sentiment, un désir, un instinct, un élan, une notion, une idée. À ce niveau-là d'existence, nous fabriquons des molécules en pensant, et la recherche scientifique a montré combien cela est vrai.

Lorsque nous avons une pensée ou un sentiment, notre cerveau produit un ensemble de molécules chimiques appelées *neuropeptides*: *neuro*, parce qu'on les a découvertes en premier dans le cerveau ; et *peptides*, parce que ces molécules s'apparentent à des protéines. C'est ainsi que les cellules du cerveau communiquent entre elles : pas en français, mais dans la langue des messagers chimiques de notre espace intérieur. Les scientifiques expliquent qu'il existe à la surface des cellules cérébrales des récepteurs adaptés à ces messagers chimiques.

Lorsqu'une cellule du cerveau veut s'adresser à une autre, elle fabrique des neuropeptides qui s'accrochent aux sites récepteurs des autres cellules cérébrales. Autrement dit, penser c'est faire de la chimie cérébrale.

Mais lorsque les scientifiques observent d'autres parties du corps, ils y trouvent aussi des récepteurs pour ces messagers chimiques qui sont les équivalents de la pensée. De tels récepteurs ne se situent donc pas seulement sur les cellules cérébrales, mais aussi sur celles de l'estomac, du cœur, de l'intestin, des reins, et ainsi de suite, partout dans le corps. Autrement dit, les cellules stomacales, cardiaques et autres produisent les mêmes molécules chimiques que le cerveau quand il pense. Nous possédons un corps qui pense.

On ne peut emprisonner l'esprit dans le cerveau ; il se trouve en réalité dans chaque cellule du corps. Lorsque nous affirmons : « J'ai le cœur attristé » ou « J'explose de joie », nous disons vrai, parce que c'est effectivement ce qui se passe au niveau chimique de la cellule, donc au niveau le plus fondamental. De même, quand nous disons : « Je sens cela avec mes tripes », il ne s'agit pas d'une métaphore, nous nous exprimons littéralement, puisque nos intestins sécrètent les mêmes molécules chimiques que le cerveau quand il pense. D'ailleurs, ce ressenti au niveau des tripes peut s'avérer plus juste que les pensées de l'intellect, sans doute parce que les cellules des intestins n'ont pas encore atteint le stade du doute de soi.

Quand on se sent calme, le corps fabrique un tranquillisant qui ressemble à celui des laboratoires pharmaceutiques, sauf qu'on n'a pas l'impression d'être un zombie. Lorsqu'on se sent angoissé, le corps produit des molécules agitées, et pas seulement dans les surrénales, mais dans tout le corps. Quand on est euphorique, l'organisme fabrique des immunomodulateurs qui ont une action anticancéreuse puissante. Les cellules du système immunitaire, qui nous protègent du cancer, des infections et des pathologies dégénératives, possèdent également des récepteurs à messagers chimiques qui sont les équivalents matériels de la pensée. Le système immunitaire est un système nerveux ambulant : il est intelligent et se déplace dans le corps. Autrement dit, nous ne pouvons pas avoir de pensée, de sentiment ou de désir, sans que les cellules immunitaires soient au courant. En réalité, elles ne cessent de surveiller notre dialogue intérieur.

Que nous soyons en train de penser, de rêver ou simplement d'avoir la moindre impulsion intelligente dans la conscience, nos cellules immunitaires tendent l'oreille et produisent les mêmes molécules chimiques que fabrique le cerveau quand il pense. Ces cellules immunitaires sont de petits êtres conscients, qui possèdent leurs notions, leur intelligence et leurs émotions propres.

Tout cela peut évidemment vous sembler très ésotérique, mais ce sont des faits scientifiques. Vous possédez un système immunitaire qui sait distinguer une bactérie amicale d'une autre ennemie, ou un composé cancérigène d'une molécule chimique inoffensive. Confronté à une bactérie, et même s'il ne l'a jamais croisée auparavant, il se souvient de la première fois qu'un humain l'a rencontrée, au cours de l'évolution de l'espèce, et il produit alors l'anticorps qui lui correspond exactement.

Vous possédez une pharmacie intérieure absolument merveilleuse. Dites le nom d'une molécule, et votre corps en fabrique la dose adéquate, au bon moment, pour le bon organe, sans effet secondaire, avec le mode d'emploi fourni dans l'emballage. Une telle capacité est la preuve d'une profonde intelligence, or votre corps tout entier est justement ce champ d'intelligence.

Mais qu'est-ce que tout cela a à voir avec le pouvoir, la liberté et la grâce ? Si vous compreniez vraiment que vous êtes identique au champ d'intelligence qui crée le corps, l'esprit et le cosmos tout entier – si vous pouviez en avoir une connaissance à la fois intellectuelle et expérientielle –, pourquoi n'auriez-vous pas le pouvoir de le manifester ? Pourquoi ne jouiriez-vous pas de la liberté de la conscience illimitée ? Comment vous serait-il possible de *ne pas* vivre en état de grâce ? Si vous compreniez vraiment qui vous êtes, quelle part de la conscience pure vous resterait inaccessible ? Vous sauriez que votre moi est l'observateur et l'observé, le danseur et la danse, le désir et sa réalisation. Vous sauriez que vous êtes un champ de pure potentialité, doté du pouvoir de création.

Il existe un vieux dicton, en Inde : « Quand je me retire en moi-même, je crée et je crée encore. Je crée l'esprit, je crée le corps, je crée les perceptions, je crée l'univers. Je crée toutes ces choses que je nomme la réalité. »

Le jour où vous savez que votre corps-esprit est un champ de pure conscience, vous cessez de vous accrocher à ce qui est éphémère et irréel. Vous n'en avez plus peur non plus. Vous vous sentez aussi libre qu'une feuille dans le vent, aussi libre que le vent lui-même. Et rien n'est plus précieux que la liberté de la conscience pure et illimitée. Cette liberté, cette libération, c'est l'illumination.

Le Vedanta déclare : « Connais cette chose dont la connaissance permet de connaître tout le reste. » Pour celui qui connaît le Moi, les limitations du monde disparaissent.

POINTS-CLÉS

- Vous avez oublié qui vous êtes, parce qu'on vous a socialement conditionné à faire confiance à vos sens et à croire à la superstition matérialiste.

- Vous êtes inséparable du champ d'intelligence qui crée le cosmos tout entier. La connaissance de ce fait vous libère de l'hallucination d'un moi séparé, vivant à l'intérieur d'un corps distinct.

- Dès l'instant où vous prenez conscience que votre corps-esprit est un champ de pure conscience, vous savez que vous possédez le pouvoir, la liberté et la grâce. Le bonheur consiste donc à connaître votre véritable nature, qui est tout cela.

• 4 •

De quelle manière je contribue à créer ma réalité ?

Caus – sa – li – té [ko - za - li - te] *:*
Relation entre la cause et l'effet qu'elle produit.

Nos sens nous indiquent que tout événement se produit dans l'espace et dans le temps. Il y a le passé, le présent et le futur, et le monde fonctionne par relations linéaires de cause à effet. Ainsi, chaque fois que j'effectue un choix, je provoque un effet, lequel devient à son tour la cause d'un autre effet. Les choses se produisent nécessairement les unes après les autres. Il me faut aller de ce point-ci à ce point-là, d'un lieu à un autre. C'est ainsi qu'un ordre chronologique se dessine.

C'est effectivement ainsi que nos sens perçoivent le monde, mais en réalité il n'est pas comme cela. Le monde est « synchronistique »[2], tout se produit simultanément. D'infinies possibilités coexistent au même instant. Tout arrive au même moment, et tout est instantanément corrélé avec – et synchronisé à – tout le reste. Une telle simultanéité n'est possible que grâce à ce qu'on nomme *une corrélation infinie.* Par corrélation infinie, on entend la capacité à effectuer un nombre infini de choses et à les corréler les unes autres, au même instant.

Le corps humain nous offre le meilleur exemple possible de corrélation infinie, puisque c'est un champ de simultanéité où la physique, la chimie, la biologie et les mathématiques se combinent toutes ensemble pour créer l'expérience de la vie. Le corps humain possède cent mille milliards de cellules, soit plus que le nombre d'étoiles dans la Voie lactée. Chaque cellule accomplit une infinité de choses à la seconde, elle sait instantanément ce que les autres effectuent et corrèle ses activités aux leurs. Une cellule n'a pas le *temps* de dire à une autre : « Dis-voir, je vais digérer un peu de nourriture ; donc attends un peu

---

2. Je reprends en français le néologisme « synchronistic », dérivé de synchronicité, qu'utilise D. Chopra. NDT

et évite de penser, pour l'instant. » Nos cellules stomacales digèrent de la nourriture, tandis que celles du cerveau pensent, que notre vésicule biliaire sécrète de la bile et que le système immunitaire tue des microbes. Non seulement les cellules font plus d'une chose à la fois, mais elles sont au courant de ce qu'effectuent toutes les autres, sans quoi il règnerait la plus grande confusion dans le corps.

Tout en corrélant toutes ces activités, le corps suit les mouvements de la Terre, de la lune, des planètes, des étoiles et de tout le cosmos. Notre corps, notre esprit et nos émotions, toute notre physiologie, changent d'un instant à l'autre, en fonction de l'heure de la journée, des cycles de la lune, des saisons et même des marées.

Notre corps fait partie de l'univers, aussi tout ce qui s'y produit finit par en affecter la physiologie. Les rythmes biologiques sont une expression des rythmes de la Terre, en lien avec le cosmos tout entier, et quatre d'entre eux – les rythmes journaliers, ceux des marées, les rythmes mensuels ou lunaires, et les rythmes annuels ou saisonniers – constituent la base de tous les autres rythmes corporels.

À mesure que la Terre tourne sur son axe, nous parcourons un cycle de vingt-quatre heures, jour et nuit, qu'on appelle *rythme circadien.* Ce rythme se fonde sur la rotation de la Terre et, puisque tout ce qui est dans notre corps fait partie de la Terre, notre organisme subit aussi cette rotation et suit le rythme terrestre. Lorsque ce rythme biologique est perturbé, lors de vols long-courriers, par exemple, on subit les effets du décalage horaire. De même, quand on a un travail de nuit, on ne se sent pas aussi bien que d'habitude, même si on se repose durant la journée, parce que nos rythmes biologiques sont décalés par rapport aux rythmes cosmiques.

Des données scientifiques indiquent que si l'on administre une certaine dose de radiations à un animal à telle heure de la journée, elle peut avoir des effets bénéfiques. Mais la même dose administrée douze heures plus tard peut tuer le même animal. Pourquoi ? Parce qu'en douze heures son état physiologique a totalement changé. Notre expérience subjective nous montre bien qu'à certaines heures de la journée nous avons faim, tandis qu'à d'autres moments nous avons sommeil. Chacun sait qu'on ne sent pas pareil à quatre heures de l'après-midi ou à quatre heures du matin.

Les rythmes des marées affectent aussi notre physiologie. Ils sont provoqués par l'influence gravitationnelle du soleil, de la lune et des étoiles de lointaines galaxies sur les océans de la planète Terre. Nous possédons en nous un océan qui ressemble à ceux de la planète. Notre corps est constitué à plus de 60 % d'eau, tout comme plus de 60 % de la surface de la planète est faite d'eau. C'est pourquoi nous avons une marée haute et une marée basse en nous, dont nous subissons le flux et le reflux, au niveau physiologique. Lorsqu'on n'est pas dans son assiette, c'est le signe que le corps n'est pas synchronisé avec celui de l'univers. Quelques instants passés au bord de l'océan, ou n'importe où dans la nature, peuvent nous aider à synchroniser à nouveau nos rythmes avec ceux de la nature.

Le rythme lunaire est un cycle de vingt-huit jours, produit par les relations entre les mouvements de la Terre, du soleil et de la lune. La croissance et la décroissance de la lune l'illustrent clairement. Nous voyons la pleine lune, suivie d'une demi-lune seulement, puis plus de lune du tout, et le cycle se poursuit et recommence. La fertilité humaine et les menstruations sont de bons exemples de cycles lunaires, mais il existe de nombreux autres cycles de vingt-huit jours. Lorsque j'étais médecin au service des urgences, on s'attendait fréquemment à voir arriver des patients avec tel type de problèmes, en fonction du jour et des cycles de la lune.

À mesure que la Terre tourne autour du soleil, les rythmes saisonniers nous affectent sous la forme de changements biochimiques distincts dans le corps-esprit. Ainsi, on est plus susceptible de tomber amoureux au printemps et de déprimer en hiver. Les personnes affectées par ce que l'on appelle des troubles affectifs saisonniers dépriment en hiver, mais se sentent mieux sitôt qu'on les expose à la lumière du soleil. Ces changements saisonniers n'affectent pas seulement la biochimie du corps humain, mais aussi celle des arbres, des fleurs, des papillons, des bactéries et de tout ce qui se trouve dans la nature.

La Terre s'incline sur son axe au printemps et les fleurs s'ouvrent, les marmottes sortent de terre, les oiseaux migrent, les poissons retournent vers leurs aires de frai et les rituels d'accouplement débutent. Les gens ont envie d'écrire des poèmes, les amants chantent, et les cœurs jeunes ou vieux tombent amoureux. Les rythmes saisonniers nous affectent aux plans biologique, mental et émotionnel, et tout cela est dû aux relations entre la Terre et le soleil.

Il existe d'autres cycles et rythmes dont les oscillations ne durent que quelques secondes, au nombre desquels les ondes de l'électrocardiogramme et du cerveau, comme d'autres qui peuvent durer de trente minutes à vingt-huit heures, que l'on nomme *rythmes ultradiens.* De même, il existe des cycles au sein d'autres cycles, ce qui devient très compliqué, mais tout cela forme une symphonie. Oui, tous ces rythmes créent ensemble la symphonie universelle et le corps-esprit s'efforce constamment de synchroniser ses propres rythmes avec ceux de l'univers.

Séparer le corps-esprit du reste du cosmos, c'est avoir une perception erronée des choses. Le corps-esprit fait partie d'un esprit plus vaste, il est partie intégrante du cosmos, et les rythmes cosmiques provoquent des changements importants dans notre physiologie. L'univers est véritablement une symphonie des étoiles. Et lorsque notre corps-esprit est à l'unisson de cette symphonie, tout se fait spontanément et sans effort, et l'abondance de l'univers se déverse en nous en une joyeuse extase.

L'expression véritable du corps-esprit est ce champ d'intelligence qui s'étend à toutes nos cellules, qui en corrèle toutes les activités et qui effectue tout cela sous le seuil de notre attention consciente. Les scientifiques donnent à cette expression du corps-esprit le nom d'*infinie corrélation.* Mais si nous ne sommes pas scientifiques, nous pouvons préciser les qualités du corps-esprit au moyen des adjectifs *omniscient, omniprésent* et *omnipotent.*

Bien que je puisse donner l'impression d'user de termes mystiques, il s'agit là d'une affirmation tout à fait exacte au plan scientifique. Quel meilleur exemple pourrait-on trouver d'omniscience, d'omniprésence et de toute-puissance ? L'esprit sait tout instantanément, il est partout à la fois et tout-puissant. En tant que composante d'un vaste champ d'intelligence, l'esprit s'étend bien au-delà des confins du cosmos. Même s'il peut s'exprimer à travers des formes et des phénomènes localisés, l'esprit est non local, ce qui signifie qu'on ne peut le confiner à un seul lieu.

Le temps, lui aussi, est non local. Le fait que nous puissions le localiser n'est qu'une illusion de la perception, due à la qualité de notre attention. L'instant présent se trouve au centre de l'éternité, mais il en va de même de chaque autre instant, puisque l'éternité s'étend indéfiniment vers l'arrière et vers l'avant, à partir de n'importe quel moment. Il n'existe donc ni passé ni futur, ni maintenant ni alors, ni avant ni après ; il n'existe que l'instant éternel. Tout ce que l'on vit se déroule dans la conscience de l'instant présent, dans l'ici et maintenant, et nulle part ailleurs.

Nous sommes enclins à croire qu'il existe quelque chose qu'on nomme le temps, mais posez la question à n'importe quel physicien : « Est-ce que le temps est une chose ou une notion ? Existe-t-il vraiment, ou n'est-ce qu'un concept servant à expliquer notre perception du changement dans l'environnement ? » Un éminent physicien quantique y a répondu un jour : « On n'a jamais fait la moindre expérience prouvant l'existence du temps ». Le temps n'est pas une chose, c'est une *idée.*

Les physiciens n'utilisent même plus le mot *temps ;* ils se servent du terme *continuum espace-temps*, parce qu'ils savent que le temps est un phénomène relatif, et non absolu. Le mouvement de la Terre, qui tourbillonne sur son axe et file à toute vitesse autour du soleil, à des milliers de kilomètres à l'heure, donne naissance au temps tel que nous le percevons. Mais ce n'est qu'une illusion ; c'est un dialogue interne que nous utilisons pour expliquer les changements et les relations, tels que nous les vivons ou les percevons.

La conscience est infinie, illimitée et éternelle, autrement dit elle n'a ni début ni fin, pas plus qu'elle ne connaît d'origine ou de limites dans le temps. Comment peut-on mesurer quelque chose d'infini ? C'est impossible. Toute mesure est conceptuelle, or l'infini échappe à notre conception des choses. On peut donc dire que le temps est la manière dont la conscience mesure l'espace ou la distance qui sépare une expérience d'une autre. En se mesurant elle-même, la conscience crée l'expérience du temps et celle de l'espace. Quant au continuum espace-temps, il crée la notion de cause à effet, ce qui engendre à son tour l'expérience du monde matériel.

Comment est-ce que tout cela s'applique à nous ? Eh bien, notre façon d'*interpréter* le concept de temps – notre manière de *métaboliser* notre vécu temporel – provoque des modifications physiologiques distinctes, dans le corps-esprit. C'est l'un des aspects fascinants de notre fonctionnement biologique. Laissez-moi vous en donner quelques exemples.

Le rythme circadien, qui contrôle les cycles de sommeil et de repos, l'appétit et l'élimination, est facilement perturbé par des déplacements à travers plusieurs fuseaux horaires. Pourtant, lors d'un vol que je fis un jour entre Boston et Londres, je rencontrai un ami de longue date et nous passâmes un si bon moment ensemble, que nous ne vîmes pas le temps passer. Le vol durait six ou sept heures, mais pour nous, au moment d'arriver, c'était comme si le trajet s'était fait « en moins de deux », comme le dit l'expression. Nous en avions oublié de dormir, de manger ou d'aller aux WC. Parvenus à Londres, nous ne souffrions donc pas du décalage horaire. Que s'était-il passé, dans ce cas précis ? Eh bien, du fait que nous n'avions pas vu le temps passer, notre biologie interne n'avait pas été affectée par le changement de fuseaux horaires.

De nombreuses expériences ont souligné que notre interprétation du temps influence notre fonctionnement biologique. Par exemple, que signifie le mot *lundi*, pour vous ? Chose étonnante, dans notre culture, il y a davantage de gens qui meurent le lundi matin à neuf heures qu'à n'importe quel autre moment de la semaine ! Voilà un exploit exceptionnel dont seule l'espèce humaine peut se vanter. Nul doute qu'aucun animal ne connaît la différence entre lundi et mardi. Et quelle est cette différence ? C'est une idée, une notion, une pensée : c'est ce que lundi signifie pour nous, c'est-à-dire notre façon de l'*interpréter*. Il y a des personnes qui disent : « Je manque de temps », parce qu'elles ont dix échéances à tenir. Elles essayent constamment de « gagner du temps ». Elles regardent la même horloge que vous et moi, mais dans leur cas, celle-ci tourne plus vite, du fait de leur perception interne du temps. Si vous mesuriez leurs réactions biologiques, vous constateriez que leur pouls est plus rapide, leur pression artérielle plus élevée, tout comme leur niveau d'insuline, et qu'elles ont davantage d'arythmies cardiaques par minute. Et quand elles finissent par faire une crise cardiaque, elles ont effectivement épuisé tout leur temps. Elles ont finalement converti leur sentiment de manquer de temps en l'expérience très concrète que leur temps sur Terre est soudain parvenu à épuisement.

Il y a d'autres gens dont la perception, le dialogue intérieur et l'interprétation du temps sont plutôt du style, « J'ai tout mon temps ». Or on découvre qu'ils ont justement un pouls plus lent, une pression artérielle plus basse, des réactions biologiques plus fluides, et qu'ils vivent effectivement plus longtemps.

Et puis, il y a ces instants où le temps semble interrompre sa course, comme quand on dit : « La montagne était d'une beauté à couper le souffle. *Le temps semblait s'être arrêté.* » Lorsque le temps s'arrête, les pensées font de même. Et quand elles s'arrêtent, les changements dans le corps s'interrompent aussi. D'ailleurs, ce que la science nomme *entropie*, ou vieillissement, s'arrête aussi dans ces instants, parce que le vieillissement est également, du moins en partie, l'expression de la façon dont nous métabolisons ou interprétons le temps.

À l'époque où j'étais médecin interne dans une unité de psychiatrie, j'avais observé que certains patients psychotiques n'avaient pas la notion du temps. En conséquence, leur corps semblait ne pas vieillir. Je me souviens d'une femme de soixante ans qui en paraissait trente. Il y avait beaucoup de personnes dans le même cas. Pourquoi ? Parce que la notion même du temps n'existait pas à leurs yeux, or le temps est justement une notion, un concept.

Donc, pour en revenir à des choses pratiques, toutes ces différentes expériences du temps ne sont rien d'autre qu'une interprétation effectuée par notre conscience. Notre façon d'interpréter le temps, l'espace ou la réalité physique, détermine notre perception de cette réalité, y compris la perception de notre corps physique. Celui-ci est le produit métabolique de nos expériences sensorielles et de l'*interprétation* que nous en faisons. Comment appréhendez-vous le temps et les changements ? Si vous êtes tout le temps pressé, si vous essayez toujours de gagner du temps ou de rattraper le temps perdu, vous provoquez en vous le même type de changements précipités, au niveau biologique. Si, par contre, votre interprétation du temps est plus proche de la réalité, à savoir qu'il n'existe que l'éternel présent, alors votre fonctionnement biologique reflétera aussi cette notion plus juste.

Dans le présent, vous pouvez vous rappeler le passé ; vous pouvez aussi anticiper le futur. Mais si vous parvenez à *rester* dans le présent, si vous savez *être* dans le présent, alors même les changements qui accompagnent normalement l'écoulement du temps ne se produiront pas dans votre corps. Un maître védique a dit un jour : « La seule raison pour laquelle les gens vieillissent et meurent, c'est qu'ils voient d'autres gens vieillir et mourir. »

Nous devenons ce que nous voyons, ce que nous touchons. Même nos souvenirs se transforment constamment en réactions physiques, dans le corps. Notre interprétation de la réalité, notre interprétation du corps-esprit, génère toutes sortes de réactions biochimiques en nous. Ces interprétations deviennent des souvenirs, lesquels déclenchent spontanément des transformations, sans même que nous le sachions. Et où ces souvenirs sont-ils situés ? Ils se trouvent partout. Ils sont présents de manière non locale dans notre âme, ils se manifestent dans nos cellules cérébrales, puis sont encodés dans chaque cellule de notre corps.

Votre corps est un champ d'idées, et celui que vous avez en cet instant est l'expression de toutes les idées que vous cultivez à son sujet. Si vous considérez votre corps comme une machine physique censée vieillir d'une certaine manière, que les changements environnementaux peuvent déséquilibrer, alors toutes ces idées se traduisent par des modifications chimiques en lui. Si ces idées évoluent, et elles *vont* évoluer, en fonction des découvertes scientifiques, alors cette seule transformation du *regard* que vous portez sur votre corps provoquera des changements en lui.

En tant qu'échantillon d'intelligence dans un vaste champ d'intelligence, vous participez à la création du monde que vous percevez. Le monde « extérieur » peut vous paraître objectif, mais en réalité il est subjectif ; c'est le produit de vos propres interprétations. Vous apprenez à interpréter le monde par l'intermédiaire de vos sens, ce qui vous procure un type de perceptions propre, y compris la perception de votre corps-esprit.

L'effet placebo offre un exemple intéressant de la façon dont le corps-esprit interprète son vécu, le construit et y participe. Il y a des années, des médecins ont découvert qu'ils pouvaient prescrire à leurs patients des pilules de sucre, dépourvues d'agent actif, en leur disant qu'elles soulageraient leur douleur, et qu'un certain nombre d'entre eux – environ 30 % – éprouvait effectivement un réel soulagement. On a donné à ce phénomène le nom d'*effet placebo.*

Par la suite, on s'est rendu compte que l'effet placebo ne s'appliquait pas seulement aux douleurs, mais à d'autres problèmes. Ainsi, si un docteur donne une pilule à ses patients et leur dit : « Voilà qui va guérir vos problèmes cardiaques », le seul fait qu'ils considèrent que c'est vrai les fait produire une substance chimique qui va abaisser leur pression artérielle et améliorer la circulation du sang vers le cœur.

L'effet placebo contribue grandement à notre compréhension des liens entre l'esprit et le corps, puisqu'il s'agit précisément d'une *interprétation* que nous effectuons. Nous n'avons même pas recours à des affirmations ; nous cultivons simplement une idée : « Voilà qui va soulager mes douleurs », et le corps-esprit la concrétise en fabriquant des molécules chimiques très puissantes.

Le contraire de l'effet placebo est l'effet *nocebo.* Imaginons qu'une patiente se rende chez son médecin et que ce dernier lui dise : « Madame Martin, j'ai le regret de vous informer que vous avez un cancer du sein et qu'il a fait des métastases dans tous vos os. Il ne vous reste que six mois à vivre. » Si Mme Martin croit ce que lui dit son docteur, elle peut tout à fait concrétiser cette idée et l'issue fatale prédite. Alors, qu'est-ce que l'effet nocebo ? Ce n'est jamais qu'une autre de nos interprétations.

Prendre conscience de ce pouvoir d'interprétation, c'est acquérir une nouvelle définition du corps-esprit. On peut faire des choses merveilleuses avec le corps. On peut provoquer une réaction thérapeutique de l'intérieur, puisqu'on possède une pharmacie interne capable de fabriquer les molécules adéquates. On peut restructurer sa perception du temps, ce qui modifie totalement l'expression physique du corps, de sorte qu'il serait possible de retarder, voire d'inverser le processus du vieillissement.

Le corps-esprit humain fait partie d'un champ d'intelligence conscient et pensant. À chaque seconde de notre existence, cette expression locale que nous appelons *le corps-esprit* échange de l'énergie et des informations avec cette expression non locale qu'on nomme *l'univers*. Seulement, nous le faisons inconsciemment. L'individu moyen a environ soixante mille pensées par jour. Cela n'est pas surprenant. Ce qui est déconcertant, en revanche, c'est que 95 % des pensées qui nous viennent aujourd'hui soient les mêmes qu'hier. Chaque jour, nous reproduisons donc les mêmes schémas énergétiques qui donnent naissance à la même expression physique du corps.

Imaginez qu'il vous soit possible de changer les briques d'un bâtiment, une fois par an, mais que sous l'effet de l'habitude, ou parce que vous n'êtes pas mieux informé, vous soyez convaincu qu'il n'existe qu'une seule façon de construire ce bâtiment. Chaque année, vous remettez donc ces briques exactement à la même place, et vous vous retrouvez chaque fois avec le même bâtiment. Donc, si vous cultivez l'idée que le corps est censé s'affaiblir, vieillir et tomber malade, au fil des ans, cette idée se traduira exactement par ces résultats-là.

Chacune de nos interprétations, à chaque instant, modifie les structures énergétiques de notre corps. Et nous pouvons modifier cette interprétation, puisque c'est *nous* qui l'avons faite, à l'origine. Nous avons le pouvoir d'effectuer des choix. Mais la plupart des gens sont victimes de la pensée sociétale ; ils sont hypnotisés par les conditionnements sociaux. Nos sens absorbent moins d'un milliardième des stimuli disponibles, et le conditionnement social renforce ce que nous estimons être possible, éliminant du même coup ce que nous jugeons impossible. Nous devons nous réveiller et nous sortir de cet état hypnotique ; il nous faut dépasser ces conditionnements sociaux et atteindre un niveau plus profond. Comment ? En observant tout le processus et en en prenant conscience. Puis, en réalisant que nous avons le choix.

Imaginez que votre système nerveux représente votre équipement informatique (hardware) et que tous les changements chimiques qui surviennent dans votre corps en soient le logiciel (software). Ce logiciel, ou programme, change en fonction de vos pensées, de vos sentiments, de vos interprétations et vos désirs. Mais il y a un programmeur. Qui est-ce ? C'est le moi intérieur, le *témoin silencieux*, la conscience toujours présente qui observe tout. Sitôt que vous vous mettez en contact avec ce témoin silencieux, vous avez la possibilité de réécrire le programme.

En tant que témoin silencieux, vous reconnaissez être le penseur de toutes vos pensées. Lorsque vous dites : « J'ai une idée à propos de telle ou telle chose », ce « je » implique un penseur derrière votre pensée. Ce penseur, le témoin silencieux, est l'espace de silence qui sépare vos pensées. On ne peut le trouver ni dans le corps, ni dans le mental, car il se situe au-delà de l'un et de l'autre. Entre chacune de vos pensées existe un petit espace silencieux, et c'est là que vous découvrirez votre *vrai* moi. Cet espace est le corridor, la fenêtre, le vortex à travers lequel vous – l'esprit personnel – communiquez avec l'esprit cosmique.

Le témoin silencieux est le programmeur, celui à qui viennent les idées, celui qui effectue les choix. Le témoin silencieux, c'est la partie de vous-même qui *ne change pas*. Si vous la trouvez, vous serez en mesure d'effectuer des transformations dans la partie qui, elle, *change*. Pour le faire, nul besoin de répéter des affirmations énonçant que votre corps est comme ceci ou comme cela. Inutile de vous faire un lavage de cerveau. Il vous suffit simplement d'avoir cette compréhension ou cet aperçu, pour provoquer spontanément des transformations dans votre corps.

Se familiariser avec le miracle du corps-esprit, c'est acquérir un pouvoir impressionnant. Ce pouvoir est magique, parce qu'il vous fait découvrir un corps-esprit plus fluide, plus souple, plus dynamique et plus créatif que vous ne l'auriez jamais imaginé. Mais vous devez tout d'abord commencer par comprendre votre nature véritable ; vous devez connaître le corps-esprit tel qu'il est vraiment.

Le champ de pure conscience crée, contrôle et devient à chaque instant le corps-esprit. Établissez le contact avec ce champ, et vous vivrez une réalité psychique et une expérience corporelle totalement nouvelles. Vous découvrirez que vous pouvez changer de corps plus facilement, plus rapidement et plus efficacement que de vêtements.

Points-clés

- Vous participez à la création de votre réalité en interprétant votre expérience sensorielle. Le monde est le produit de vos propres interprétations.

- Le corps humain est un champ d'idées, et le corps qui est le vôtre est l'expression de toutes les idées que vous cultivez à son sujet.

- Lorsque les rythmes de votre corps-esprit sont synchronisés avec ceux de la nature, tout se fait sans effort et l'univers se déverse en vous en une joyeuse extase.

Deuxième partie

L'ordonnance

Se rappeler qui nous sommes

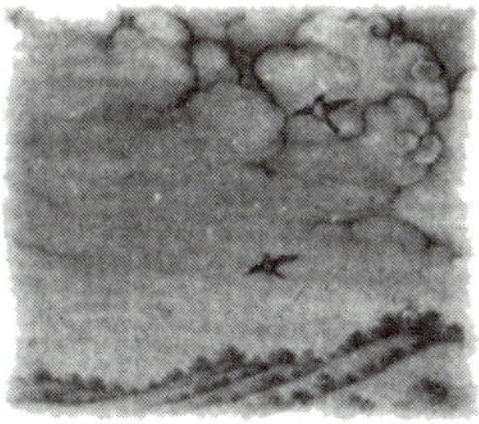

• 5 •

Où vais-je quand je meurs ?

Dis – con – ti – nui – té [dis - kɔ̃ ı ti - nɥi - te] *:*
Manque de continuité, brèche ou rupture.

Nous avons donc répondu à la question fondamentale par laquelle nous avons débuté : *Qui suis-je ?* Et la réponse est : *Je suis pure conscience, pure potentialité, le champ de tous les possibles.* Voilà qui je suis. Je ne suis ni le corps, ni la psyché. Je suis celui qui possède un corps et une psyché. C'est l'esprit, l'Être unique, qui devient tout cela, et cette essence est omnisciente, omniprésente et toute-puissante.

La question suivante est donc : *D'où viens-je ?* Et la réponse : *Je ne viens de nulle part, parce que j'ai toujours été là.* Le corps va et vient, mais « je » suis toujours là. L'endroit d'où je viens n'a ni commencement ni fin, dans le temps. Celui où je vais est identique. Comme nous l'avons vu, il n'existe pas de lieux particuliers dans le temps et l'espace. Dans un univers non local, il n'existe nulle part où aller !

Et *quel est mon but dans la vie ?* Être heureux, participer joyeusement à la créativité et à l'évolution de l'univers. C'est l'esprit universel, ou la conscience, qui a conçu et imaginé la vie, et tous les règnes sont des formes imaginaires de l'esprit qui s'adonne à *lila*, le jeu cosmique. Au final, tout est jeu de la conscience, ou *lila.*

Et *que m'arrive-t-il quand je meurs ?* Réponse : *Rien, parce que je ne meurs pas.* La conscience pure ne peut pas être détruite ; elle ne peut qu'être exprimée. Cette connaissance nous libère de la peur de la mort, car rien n'est jamais perdu dans l'univers ; les choses ne font que se transformer. Si vous et moi avions une conversation téléphonique, et que quelqu'un sectionne les lignes du téléphone, que nous arriverait-il ? Où irions-nous ? Il ne nous arriverait rien et nous n'irions nulle part. De même, lorsque survient la mort physique, il ne nous arrive rien non plus. Certaines lignes de communication, passant par un système nerveux précis, sont momentanément interrompues. Mais nous sommes toujours là. L'âme ne va nulle part ; c'est le corps qui se dissout et retourne à la terre.

Où est l'âme, alors ? L'une des opinions les plus erronées veut que l'âme réside dans le corps. Les gens diront peut être : « Telle personne est morte et son âme s'est envolée », mais ce n'est pas vrai. L'âme n'est pas dans le corps. C'est l'âme qui se projette sous la forme d'un corps et d'une psyché. Elle trouve un lieu dans l'espace-temps et se radiodiffuse ou se télédiffuse à travers le corps. Mais de même que les personnages d'un film ne se trouvent pas dans ma télévision quand je la regarde, ni Beethoven dans ma radio quand je l'écoute, mon âme n'est pas non plus dans mon corps. Elle ne fait que s'exprimer localement à travers celui-ci.

Quand on va dans une librairie ésotérique, on trouve de nombreux livres sur de soi-disant expériences de sortie du corps ou « décorporation »[3]. Mais le vrai mystère, c'est de savoir comment on effectue une expérience d'« incorporation ». Croire que notre âme se trouve « dans le

---

3. En anglais, « out-of-body experiences » ou OOBEs. Cela correspond aussi à la notion de « voyage astral ». NDT

corps, le regard tourné vers l'extérieur » est une hallucination convaincante, mais induite par la société.

L'âme n'existe pas dans le temps et l'espace ; elle est au-delà. Pourtant, tout ce que nous considérons comme *physique* semble occuper une petite place dans l'espace-temps. La chaise sur laquelle nous sommes assis est localisée en un endroit précis, et pour une certaine durée. Notre corps occupe différents endroits dans l'espace-temps. Nos pensées aussi, et tout cela constitue la localisation de notre âme, qui n'en a en réalité aucune dans l'espace-temps. On peut donc dire que l'âme est transcendante.

Donc, quand on demande : *Où se trouve l'âme ?*, on ne pose pas la bonne question puisque le mot *où* implique un lieu dans l'espace-temps. L'âme est à la fois partout et nulle part. Elle est partout en général et nulle part en particulier.

En nous libérant de la superstition matérialiste, nous constatons que le corps-esprit est un champ d'intelligence et de force vitale inconditionnelle. Cette force de vie s'exprime à travers une infinité de transformations, sous telle ou telle forme, dans tel ou tel phénomène, apparaissant tantôt, tantôt disparaissant. Mais en soi, cette force de vie est éternelle. Elle est immuable et omniprésente ; nous sommes cette force.

La caractéristique la plus remarquable de ce champ d'intelligence est sa vitalité. C'est la force de vie de l'univers, en interaction avec elle-même, se manifestant comme danse exquise de la création, de la préservation et de la dissolution (ou du renouveau). Ces trois forces sont partout à l'œuvre dans la nature.

Lorsqu'on observe un champ quantique, on voit une particule émerger du vide. Voilà l'acte créateur. Puis, elle devient une onde au sein de ce champ. C'est le moment de l'attention, lorsqu'elle apparaît pour une courte durée. Ensuite, elle disparaît à nouveau dans le vide. Dans toute la nature, on constate que des choses se créent et se renouvellent, mais pour que ce renouveau ait lieu, ce qui est vieux doit disparaître. Or justement, au niveau mécanique quantique, et aux niveaux atomique, moléculaire et matériel du corps physique, nous ne cessons de nous recréer.

Bien qu'il soit atemporel et éternel, l'univers fonctionne par cycles de repos et d'activité, « allumé-éteint ». « Allumé-éteint » signifie une succession de naissances et de morts : nous ne cessons de mourir, afin de nous recréer. Les molécules de notre peau, par exemple, suivent un cycle de ce genre : elles meurent chaque mois, afin que nous puissions en créer de nouvelles. Si elles ne mouraient pas à ce rythme-là, nous aurions une peau très tannée et malsaine.

Bien que le monde semble être continu, en réalité, il clignote, « allumé-éteint », comme une enseigne lumineuse. Tout vibre, et une vibration indique un signal qui s'allume et s'éteint. Voilà pourquoi l'on nomme cela *vibration*. Si l'on parvenait à voir le monde au niveau photonique, on le verrait s'allumer et s'éteindre en permanence. Même nos pensées ne sont que des groupes de photons qui vacillent dans le vide infini. Certaines choses vibrent très rapidement, d'autres plus lentement. Dans un rocher, par exemple, la vibration est très lente ; alors que dans une pensée, elle est très rapide ; au niveau photonique, enfin, elle s'effectue à la vitesse de la lumière. Mais dans tous les cas, c'est une vibration « allumé-éteint ».

Quand nous nous « allumons », nous naissons ; quand nous nous « éteignons » – le mot s'emploie précisément dans ce contexte, en français – nous mourons. Sans cette extinction, il n'y aurait pas d'allumage. En effet, à chaque extinction, l'univers se recrée. On donne aussi à cette position éteinte le nom de *discontinuité*. Notre conscience crée le sentiment de la continuité à partir d'une réalité essentiellement discontinue. C'est par une ruse de nos sens que nous percevons l'univers comme étant continu. Nos sens sont en effet incapables de traiter une information qui surgit puis redisparaît dans le vide, à la vitesse de la lumière, aussi créent-ils l'illusion de la continuité.

Notre perception du monde s'apparente à celle d'un film. Sur l'écran, on voit le film en continu, mais quand on se rend dans la salle de projection, que constate-t-on ? Ce film est en réalité une succession d'images statiques, séparées par de petits espaces ou interstices. Quand la bobine du film tourne assez vite, nos yeux ne remarquent pas cette coupure, cette position « éteint » entre chaque image ; ils ne retiennent que la position « allumé ». Mais en réalité, les images ne cessent d'apparaître et de disparaître de façon discontinue, sur l'écran.

Quand on regarde la télévision et qu'un acteur semble marcher de tel point à tel autre, en réalité il n'y a aucune image qui se déplace sur l'écran. Il n'y a que des électrons et des photons qui clignotent selon une certaine séquence. À nouveau, nous ne voyons pas la position « éteint » ; nous ne pouvons discerner que la position « allumé », car l'enchaînement est si rapide que notre conscience crée l'illusion de la continuité. La lumière qui semble avancer sur une guirlande de Noël, ou l'enseigne lumineuse qui paraît bouger, ne sont en réalité animées d'aucun mouvement ; elles ne font que s'allumer et s'éteindre à une certaine cadence. Nos perceptions n'enregistrent que la position « éteint », et non celle « allumé », de sorte que notre conscience crée le mouvement apparent de la lumière.

Le monde est une vibration de l'infini, et c'est ainsi que notre imagination le fait exister. Selon le Vedanta : « Lorsque l'infini vibre, le monde naît. Lorsqu'il ne vibre pas, le monde semble disparaître. Quand une torche en feu tournoie rapidement, un cercle lumineux apparaît ; quand on la tient immobile, il disparaît. Qu'elle vibre ou ne vibre pas, la conscience infinie est la même partout, tout le temps. Celui qui ne le réalise pas est sujet aux illusions ; mais pour qui le réalise, toutes les illusions disparaissent. »

Tout ce qu'on peut concevoir – une chaise, une couleur, une montagne, une pensée, un arc-en-ciel – n'est qu'une vibration différente de la même essence. Quelque chose vibre et crée ainsi toutes choses, et cette vibration se produit en présence de l'âme. L'âme vibre et elle engendre les pensées. L'âme vibre et elle crée le corps. L'âme vibre et elle donne naissance à l'univers tout entier. C'est ce que disaient les anciens. Les alchimistes égyptiens aussi. Tout comme les philosophes grecs et quiconque a la moindre idée de la façon dont s'effectue la création. Tous disent que la création est une vibration.

Créer, c'est faire accéder à l'être, à l'existence. Et pour créer quelque chose de neuf, il faut mourir à ce qui est. À défaut, aucune créativité n'est possible. Il faut que quelque chose meure pour que du nouveau émerge, et notre âme effectue en permanence des sauts quantiques de créativité. Qu'est-ce qu'un saut quantique ? C'est quand une particule subatomique va d'ici à là-bas sans parcourir l'espace intermédiaire. Donc, elle est tout d'abord ici, puis là-bas. Et entre les deux, où était-elle ? Nulle part. Comment est-elle passée d'un endroit à l'autre. On n'en sait rien. Et non seulement elle est passée d'ici à là-bas, mais elle l'a fait instantanément. Cela ne lui a pas pris le moindre *temps.* Voilà ce qu'est un saut quantique.

Chaque décès est l'occasion d'effectuer un saut quantique de créativité. Grâce à la mort, nous nous recréons à tous les niveaux : le niveau matériel du corps-esprit, l'intellect et la personnalité. Ils doivent tous mourir pour que nous puissions nous recréer à neuf. À chacune de nos morts, nous emmagasinons la sagesse de nos expériences, accumulée depuis l'aube des temps, et nous effectuons des sauts quantiques de créativité, afin de pouvoir jeter un nouveau regard sur nous-mêmes, comme si nous nous voyions pour la première fois. Les cycles de naissance, de transformation et de mort nous permettent de garder notre fraîcheur, afin que nous puissions imaginer de nouveaux royaumes pour notre existence.

En biologie, le mot *apoptose* signifie mort cellulaire programmée. En l'absence d'apoptose, les cellules oublient de mourir, un cas de figure qu'on nomme *cancer*. Les cellules cancéreuses ont perdu la mémoire de la mort ; elles ne savent plus mourir et, dans leur quête d'immortalité, tuent le corps dont dépend leur vie.

La mort est donc notre ticket d'entrée pour la vie, et elle se produit en cet instant même dans notre corps-esprit. Où se trouve notre corps d'enfant de deux ans ? Il est mort. Le corps de ce bambin est mort, ses pensées aussi, pareil pour ses émotions et sa personnalité. Nous y avons renoncé en échange de ceux de l'enfant de trois ans. La naissance et la mort ont lieu en permanence à tous ces niveaux.

Donc, quand les gens demandent si l'âme survit à la mort, la réponse est oui. Et la personnalité, y survit-elle aussi ? En réalité, la personnalité ne survit même pas durant notre vie. L'individu que j'estime être « moi » est différent d'heure en heure, de jour en jour, de semaine en semaine, d'année en année. Quand on dit « moi », de qui parle-t-on ? De l'enfant plein d'innocence et d'émerveillement, du jeune adulte romantique et bouillant de désir, ou de la personne âgée au bord de la sénilité ? Si la personnalité survit à la mort, alors de laquelle s'agit-il ?

La chenille meurt pour devenir chrysalide. Dans le sommeil de la chrysalide, les énergies incubent et se réarrangent, et un papillon en émerge. La chenille est-elle le même être que la chrysalide et que le papillon ? C'est la même intelligence qui est devenue autre chose. Et dans cette autre chose, chacune des cellules est différente, chaque expression énergétique de son corps est elle aussi différente. Rien n'est vraiment mort ; tout s'est seulement transformé.

La transformation qui suit la mort n'est pas un mouvement vers un autre lieu ou une autre époque ; c'est seulement un changement de qualité d'attention dans la conscience. C'est une condition ou un état de qualité vibratoire de notre conscience. Le monde tel que nous le percevons, avec la Terre et le ciel, les plantes et les gens, le soleil et la lune, est une expression particulière de la conscience, à une fréquence spécifique. Le paradis, l'enfer et le purgatoire, la Terre, les étoiles et les galaxies, les éléments et la myriade de formes de vie, ne sont pas des lieux dans l'espace-temps ; ce sont les projections d'états de conscience, qui sont les expressions vibratoires de la conscience infinie, au sein de laquelle le cosmos se meut, vit et a son existence. Une infinité de fréquences de conscience coexistent, aussi de nombreux plans d'existence sont-ils simultanément présents.

Quand on écoute une symphonie jouée par un orchestre de cent musiciens, tous les instruments vibrent à des fréquences différentes et pourtant la présence de l'une n'en affecte aucune autre. Si nos oreilles n'étaient capables d'écouter qu'une seule fréquence à la fois, le reste de la symphonie nous échapperait et nous n'entendrions peut-être qu'un seul instrument sur cent. Ainsi, 99 % de cette musique nous serait inaccessible, puisque nous ne capterions pas les autres fréquences.

L'énergie électromagnétique, qui comprend la lumière visible, contient toutes les couleurs du spectre en un seul rayon de lumière. Cette même radiation électromagnétique englobe également les composantes non visibles de la lumière, telles que les rayons X, les micro-ondes, les ondes radio et radar. Les lumières visibles et invisibles font partie du même spectre, qui vibre simultanément à différentes fréquences. Tout le spectre coexiste simultanément et pourtant nous ne percevons que ce que nous nommons la lumière *visible*.

Le plus point le plus infime de la création contient toutes ces fréquences différentes qui vibrent simultanément, et aucune d'elles n'en déplace une autre dans le temps ni dans l'espace. Équipé de l'instrument adéquat pour capter une fréquence particulière, on peut sélectionner exactement la vibration qu'on veut. Songez un instant à tous les instruments que nous utilisons quotidiennement, tels que des radios, des télévisions et des téléphones portables, pour capter différentes fréquences.

En ce moment même, vous êtes entouré d'un nombre infini de plans différents ; tous ces royaumes vibratoires existent tout contre vous. Dans le champ des possibilités infinies, sous forme de potentiel pur, vous existez simultanément sur tous ces plans. Mais au niveau de votre vécu, vous ne vivez que sur l'un d'entre eux : le plan d'existence dans lequel vous vous projetez à un moment précis. Si vous étiez capable à l'instant de modifier votre perception et de capter une autre fréquence vibratoire, vous percevriez une réalité toute différente.

Quand les gens vivent une expérience de mort imminente (EMI ou NDE), ils vibrent pendant un certain temps à une fréquence plus élevée, puis ils reviennent à leur fréquence vibratoire normale. Dans les derniers instants de la mort, il arrive fréquemment que des gens voient toute leur vie défiler sous leurs yeux, en un quart de seconde. La raison en est que cette expérience est produite par des photons et que ceux-ci se meuvent à la vitesse de la lumière. Les expériences de mort imminente prouvent que chaque seconde contient l'information de toute l'éternité. Elles confirment aussi que le voyage post mortem s'effectue dans la non-localité, qui est le domaine de l'âme.

Tout au long de l'existence matérielle, le corps physique est l'expression de l'âme, à une fréquence inférieure, ce qui nous donne l'impression d'être localisés dans l'espace-temps. Nous possédons également un corps astral qui accompagne le corps physique et en reflète tout le contenu informationnel et énergétique. Au moment de la mort, le corps physique se désintègre, le corps astral devenant dès lors l'expression de l'âme à une fréquence supérieure.

L'essence de votre être est une réalité immuable qui crée une structure énergétique qui se manifeste puis disparaît. Cette structure, qui naît et meurt, qui change constamment de nom et de forme, est la personne que vous prenez à tort pour vous-même. Vous croyez peut-être qu'un « je suis » personnel est la cause et la source de tout ce qui vous arrive, mais ce n'est qu'un canular, une hallucination créée par votre perception déformée. Vous devez renoncer à l'idée que vous soyez une personnalité précise, localisée dans le temps et l'espace. La personnalité n'est qu'une illusion. Ce que vous prenez pour un « je suis » personnel n'est que le « je suis » universel, l'Être qui anime tous les êtres. Le véritable « je suis » est la totalité du processus sans fin de pure potentialité, qui s'exprime sous différentes apparences. Je suis pure potentialité. Je suis l'univers. Je suis tout ce qui arrive. Si je regarde dehors et que je vois les étoiles et les galaxies, c'est cela qui arrive et c'est cela que je suis. Je suis la lumière, et je suis les yeux qui la perçoivent. Je suis la musique, et les oreilles qui l'entendent. Je suis le vent, et je suis les ailes de l'oiseau qui prennent appui sur lui. Il n'existe pas d'autre « je suis » que l'Être unique, l'univers tout entier.

Ce que vous nommez *vous-même* ne cesse de subir des changements et des transformations. Tout se transforme et pourtant rien ne meurt jamais. La goutte d'eau devient vapeur et forme un nuage qui retombe sous forme de pluie, neige ou grêle. Le nuage se transforme en eau et l'eau en rivière qui coule ou en lac gelé qui fond et finit par rejoindre l'océan, où les gouttes d'eau se transforment à nouveau en vapeur.

L'océan de la conscience infinie donne naissance aux milliards d'âmes qui peuplent ce monde. Il s'exprime sous une infinie diversité de formes de vie, et pourtant sa nature demeure la même. Il est toujours là, il ne disparaît jamais, il ne fait que se transformer. De même, nous ne perdons pas non plus notre âme, notre véritable essence, en nous transformant en toutes ces molécules, tous ces esprits, tous ces corps, toutes ces relations. Dans la mort comme dans la vie, ce que nous appelons l'individu subit une transformation incessante.

Comme l'a dit le poète Rûmî dans l'un de ses vers les plus mémorables : « Quand je serai mort, je m'envolerai avec les anges, et lorsque je mourrai aux anges, ce que je deviendrai, vous ne pouvez l'imaginer. » Et pourquoi ne peut-on l'imaginer ? Car quand on meurt, il faut être présent pour voir ce qui existe au stade suivant de notre imagination.

Alors, que signifie tout cela ? Cela veut simplement dire ceci : l'Être se manifeste par le devenir. La naissance et la mort, les positions « allumé » et « éteint », le plaisir et la douleur, la nuit et le jour, ainsi que les cycles de saisons, ne sont que des cycles de l'Être et du devenir. Cet univers serait mort, il serait statique, il n'aurait aucun rythme, il ne danserait pas mais serait momifié, n'était ce jeu de *veda* ou pure connaissance, qui devient *vishwa*, l'univers, la danse éternelle de la création. Cette danse éternelle de la création est notre Être éternel, le champ de pure potentialité.

Quand vous connaissez votre véritable essence, vous entrez en contact avec la partie de vous qui se situe au-delà du temps et de l'espace, et qui est la source des deux. Vous cessez de vous identifier au *comportement* changeant de l'océan de la conscience, sous ses multiples et diverses formes ; vous vous identifiez désormais à l'*essence* immuable de la conscience elle-même. Si vous savez que votre essence est l'unité d'un seul esprit, alors tout le reste vous est également connu.

Êtes-vous prêt à faire un saut quantique de créativité ? Au-delà de l'illusion du monde matériel existe un monde de pouvoir, de liberté et de grâce. Comprenez votre véritable essence et vous entamerez votre cheminement vers l'illumination. Sur ce chemin, progressivement, vous vous libérerez de vos réactions habituelles et conditionnées. Ce faisant, vous deviendrez un maître spirituel et vous transcenderez toute souffrance, y compris la peur de la mort. Vous découvrirez que votre moi véritable n'est jamais né et qu'il ne mourra donc jamais. Seul ce qui a un commencement a une fin. Ce qui n'a jamais commencé est éternel et vit à jamais, et c'est cela que vous êtes.

POINTS-CLÉS

- Quand vous mourez, vous n'allez nulle part ; votre âme vibre simplement à une autre fréquence.

- Tout se transforme et pourtant rien ne meurt jamais. Dans la mort comme dans la vie, vous continuez de vous transformer.

- Lorsque vous vous identifiez à l'esprit éternel, à l'essence immuable de la conscience elle-même, vous transcendez toute souffrance, y compris la peur de la mort.

• 6 •

Comment parvenir à un bonheur éternel ?

Source [SURS] :
Ce qui est la cause, qui crée ou initie ; le faiseur.

Derrière le rideau de l'intellect et des émotions se trouve votre image de soi ou votre ego. L'ego n'est pas votre vrai moi ; c'est l'*image* de vous que vous avez construite au fil des ans. C'est le masque derrière lequel vous vous cachez, mais ce n'est pas vraiment vous. Et comme ce n'est pas votre vrai moi, mais un imposteur, il vit dans la peur. Il veut qu'on l'approuve. Il a besoin de tout contrôler. Et il vous suit partout où vous allez.

Il existe un merveilleux poème où le poète indien Rabindranath Tagore s'adresse à Dieu : « Je partis seul pour venir à mon rendez-vous galant. Mais qui donc me suit dans l'ombre silencieuse ? Je fais un pas de côté pour fuir sa présence, mais je ne lui échappe point. Sa démarche trop assurée soulève de la poussière sur son passage, et il souligne de sa voix bruyante le moindre mot que je prononce. C'est mon propre petit moi, Seigneur ; la honte lui est étrangère. Mais moi j'ai honte de me présenter à Ta porte en sa compagnie. »

L'ego est la prison que vous avez édifiée autour de vous, et vous êtes désormais captif de ses murs. Comment être sûr qu'une telle chose s'est produite ? Vous devez savoir que chaque fois que vous éprouvez de l'inconfort dans votre corps, votre *ego* – en anglais, acronyme de *Edging-God-Out*, déloger Dieu de chez soi – a pris le dessus sur votre moi intérieur. La peur, les doutes, les inquiétudes et les soucis sont quelques-unes des énergies associées à l'ego.

Alors, que faire ? La meilleure manière de dissiper ces énergies est de vous lier à votre corps. Prêtez simplement attention aux sensations de votre corps et continuez de les ressentir jusqu'à ce que ces énergies se dissipent. Et comment sortir de captivité ? En choisissant de vous identifier à votre moi intérieur, à votre *vrai* moi. Vous serez libre de la prison du conditionnement quand vous ne vous sentirez plus ni inférieur ni supérieur à quiconque, quand vous renoncerez au besoin de contrôler les autres et que vous leur offrirez l'espace pour être ce qu'ils sont, permettant ainsi à votre vrai moi d'être aussi ce qu'il est.

Vous serez libre quand vous ne chercherez plus à défendre votre point de vue, quand vous n'utiliserez plus de stéréotypes et que vous n'éprouverez plus de sympathie ou d'antipathie extrêmes pour des gens que vous connaissez à peine. Vous serez libre quand vous refuserez d'obéir aux impulsions de la colère et de la peur, quand vous agirez avec humilité plutôt qu'une attitude belliqueuse, quand vous vous avancerez avec douceur plutôt qu'en plastronnant, quand vos propos seront réconfortants et non cinglants, et quand vous déciderez de n'exprimer que votre amour.

Comment savoir si vous êtes libre ? Vous l'êtes quand vous êtes heureux et à l'aise, et non craintif ni anxieux. Vous êtes libre quand l'opinion bonne ou mauvaise d'autrui ne vous atteint plus, quand vous avez renoncé à ce qu'on vous approuve, quand vous êtes convaincu de votre valeur, comme vous êtes. Vous savez que vous êtes libre quand vous vous abandonnez à l'instant présent, à ce qui est, et que vous êtes confiant que l'univers est de votre côté. Vous êtes libre quand vous renoncez aux ressentiments et aux griefs, et que vous faites le choix de pardonner.

Dans le manuel spirituel *Un cours sur les miracles*, une prière affirme que chacune de nos décisions est un choix entre un sujet de grief ou une opportunité de miracle. En renonçant à nos doléances, nous choisissons le miracle, car nos griefs ne sont que le mélodrame de l'ego qui éclipse l'esprit. Quand vous renoncerez à tout reproche, à tout jugement et à tout ressentiment, vous serez véritablement libre et vous découvrirez votre âme.

L'âme est la source de la créativité, de la compréhension, de la paix, de l'harmonie, du rire et de tous les possibles. C'est un lieu de tranquillité, au-delà de toute étiquette. Sitôt que nous étiquetons quelque chose, et quelle que soit cette étiquette, nous créons une image qui éclipse la réalité.Un jour quelqu'un demanda à Rûmî : « Qui êtes-vous ? » Il répondit : « Je ne sais pas qui je suis. Je me trouve dans une confusion étonnamment lucide ! Si vous m'étiquetez et me définissez, vous vous privez de vous-même. Si vous m'enfermez dans les jugements et les définitions, cette enceinte est votre cercueil. Je suis l'écho de votre propre voix sur les parois de Dieu ! »

Ce que dit Rûmî, c'est que nous créons notre image de soi avec toutes les étiquettes que les gens nous attribuent. En l'absence de telles étiquettes, nous sommes libre esprit, nous sommes l'univers se manifestant librement. Mais dès les premières étiquettes, qu'elles soient bonnes ou mauvaises, notre image de soi, ou notre ego, commence à éclipser le moi intérieur.

Le monde de l'ego est soumis au temps, il est temporaire, fragmenté, craintif, personnel, égocentrique, replié sur lui-même et attaché au connu. Il s'agrippe au plaisir et fuit la douleur. Le monde de l'esprit est atemporel et éternel, libre du passé comme du futur, complet, joyeux, ouvert et accessible à tous. L'univers de l'esprit est un monde de fraternité, de sagesse et d'amour. Ce monde est réel, indivisé, inébranlable, dynamique, créatif, autosuffisant, puissant et libre de toute limitation, de toute attente et de tout attachement.

Le monde de l'esprit est la source de tout pouvoir. Il n'y en a jamais eu et il n'y en aura jamais d'autre. Ce que les gens appellent *pouvoir* est en réalité de la peur qui se traduit par le besoin de manipuler et de contrôler les autres, ce qui débouche à son tour sur de la violence et des souffrances. Le vrai pouvoir, c'est le pouvoir de créer, de transformer, le pouvoir d'aimer et de guérir, le pouvoir d'être libre. Le vrai pouvoir émane du lien à notre moi profond, de ce qui est réel. C'est pour cela que les gens puissants trouvent leur puissance en eux-mêmes (par *référence à soi*), et non dans quelque objet extérieur (*référence à l'objet*). Ces deux termes méritent d'être approfondis.

Comme nous l'avons vu, quand on tire sa puissance d'objets extérieurs, c'est que l'on s'identifie à son image de soi ou aux objets de son expérience, afin d'acquérir une certaine compréhension de soi-même. Ces objets peuvent être des situations, des circonstances particulières, des gens ou des choses, mais chaque fois que l'on se réfère à des objets pour définir son identité, on opère sur un mode de *référence à l'objet*, comme on l'a déjà dit. Les gens qui fonctionnent en mode *référence à l'objet* s'évaluent, se comprennent et essayent de se connaître à travers le regard d'autrui. Les principales caractéristiques de la référence à l'objet sont un mode de pensée conditionné et des réactions elles aussi conditionnées, ce qui veut dire que l'on subit l'hypnose du conditionnement social.

Le premier symptôme de référence à l'objet est la fatigue. Pourquoi ? Parce que nous nous sommes défaits de notre pouvoir au profit de notre objet de référence. Tôt ou tard, cela crée un certain malaise dans le corps, voire des maladies. La référence à l'objet est la principale cause de malheur, tandis que, dans la vision védique du monde, le bonheur est le facteur de santé le plus important.

Il existe en Inde une fable intéressante qui illustre très bien comment fonctionne la référence à l'objet. Il était une fois un homme qui ne possédait en tout et pour tout que deux choses précieuses à ses yeux. L'une était son fils, l'autre un petit poney. Toute son appréhension de la réalité découlait de sa référence à ces deux objets. Un jour, le poney disparut. Le pauvre homme en fut dévasté, car il venait de perdre la moitié de ce qui avait vraiment valeur à ses yeux. Au plus profond de son désespoir, alors qu'il pensait à son poney perdu, celui-ci revint accompagné d'un magnifique étalon. Du coup, le brave homme passa des abîmes du désespoir aux sommets de l'extase.

Le lendemain, alors que son fils chevauchait l'étalon, il fit une chute et se brisa la jambe. Des cimes de l'extase, son père retomba dans les affres du désespoir. Il ruminait ses malheurs quand l'armée du gouvernement arriva dans la région, recrutant tous les jeunes hommes pour la guerre. Ils prirent tous ceux du village, sauf le fils de cet homme, puisqu'il s'était cassé la jambe. Et, une fois de plus, son père passa des profondeurs du désespoir au pinacle de l'extase. Comme vous le devinez sans doute, cet exemple de référence à l'objet se poursuit ainsi sans fin.

En raison même de leur nature, les objets changent, de sorte que, tant que nous nous identifions à eux, nous ne connaîtrons jamais notre essence véritable. Lorsqu'on se juge ou qu'on cherche à se comprendre à travers des objets, comme à travers le regard d'autrui, notre vie ressemble aux montagnes russes, parce que les gens, les choses, les situations et les circonstances ont pour seule constante de toujours changer. Si votre identité se fonde sur eux, votre vie demeurera toujours instable.

Le contraire de la référence à l'objet est la *référence à soi*. Quand on se réfère à soi-même, on s'identifie à son moi intérieur, à l'essence immuable de notre âme. On se sent très bien, quels que soient les circonstances, la situation ou l'environnement où l'on se trouve. Et pourquoi se sent-on bien tout le temps ? Parce qu'on ne s'identifie pas au contexte ; on est le *témoin silencieux* et détaché de la situation. On trouve sa sécurité en soi-même et l'on n'éprouve nul besoin de prouver cela à autrui. Si l'on ressentait un tel besoin, on recommencerait à s'évaluer à travers le regard des autres. La référence à soi est un état de joie intérieure, qui diffère du bonheur dû à une raison extérieure.

Bien sûr, il y a toujours des raisons d'être heureux. Quelqu'un vous dit : « Je t'aime », et cela vous rend heureux. Vous gagnez des millions à la loterie, et cela vous rend heureux. Un bonheur de ce type est une manifestation de référence à l'objet : vous êtes heureux à cause de ceci ou grâce à cela. Mais la joie intérieure est indépendante de la situation, des circonstances, des gens et des choses. Quand vous êtes habité par la joie intérieure, vous êtes heureux sans raison. Le seul fait d'être en vie et de pouvoir regarder les étoiles, d'apprécier la beauté de ce monde, d'être vivant au cœur du miracle de la vie, fait votre bonheur.

Dans la vie, tout est éphémère et changeant, parce que telle est la nature du monde. Mais quand on a sa référence en soi, on apprécie le changement, on cesse d'y résister. Les gens me demandent : « Mais qu'en est-il des situations difficiles à accepter ? S'il m'arrive quelque chose de grave, comment puis-je être heureux, comment ne pas être négatif et déprimé ? » En retournant à votre source, tout simplement, en reconnaissant que quoi qu'il arrive, cela ne dure qu'un temps. Vous n'êtes pas obligé de jeter un regard positif (ou négatif) sur une situation difficile. Il est artificiel de porter en permanence un jugement positif sur ce qui nous arrive de pénible, n'est-ce pas ? Si j'étais toujours positif, je serais terriblement ennuyeux, d'une part, et extrêmement affecté, d'autre part. De plus, personne n'aurait envie d'être en ma compagnie. De même, considérer toujours les choses sous un jour négatif est tout aussi anormal. Cela me rendrait négatif à outrance et parfaitement casse-pieds. Être naturel, c'est encore ce qu'il y a de mieux.

J'ai eu une fois une patiente gravement malade, que je n'avais jamais vue d'humeur autre que soi-disant positive. Elle était positive à outrance, au point que je finis par lui demander comment elle réalisait cet exploit. Elle s'effondra et me confia être pétrifiée à l'idée d'avoir une pensée négative. Mais être pétrifié par la peur d'avoir des pensées négatives, n'est-ce pas en soi une pensée négative ? Bien sûr que oui ; alors mieux vaut ne pas manipuler ses pensées, ce qui est artificiel. La tradition védique appelle cela *trafiquer son humeur*. Il est préférable d'être spontané, car dans la spontanéité réside la joie. Il vaut mieux être naturel et laisser l'univers jouer à travers nous.

Qu'est-ce qu'un esprit négatif ? C'est une interprétation. Et un esprit positif ? C'est aussi une interprétation. Et la différence entre le premier et le second est assez superficielle. Si vous me demandez s'il est préférable d'avoir un esprit positif, je vous répondrai : « Bien sûr, un esprit positif vaut mieux qu'un négatif », mais l'un comme l'autre peuvent être des esprits agités, et il arrive fréquemment qu'on passe de l'un à l'autre en un rien de temps. Le courage peut se muer en peur en un clin d'œil. L'amour peut laisser la place à la jalousie d'une seconde à l'autre. C'est le propre des esprits agités. Ce qui est plus important qu'un esprit positif, c'est un esprit silencieux.

Il nous faut apprendre à dépasser à la fois l'esprit positif et l'esprit négatif pour devenir un esprit silencieux, qui ne juge pas, qui n'analyse pas et n'interprète pas. En d'autres termes, pour devenir le témoin silencieux. Dans l'observation silencieuse, on découvre le silence intérieur. Dans la pureté de ce silence, on se sent lié à sa propre source et à tout le reste. Les tendances qui émergent de ce lien sont évolutives et spontanées. Dans ce silence, nous suivons le rythme des choses et nous cessons spontanément de juger, d'analyser et d'interpréter les situations, les circonstances et les gens, y compris nous-mêmes. Dans le silence, les énergies intérieures s'éveillent spontanément et provoquent une transformation adaptée à chaque situation.

Un dicton affirme : « La rivière de la vie s'écoule entre les rives du plaisir et de la douleur, et l'on s'échoue sur les deux. » Ce n'est pas là le problème. Le problème, c'est de s'attacher à une rive, que ce soit la positive ou la négative. Quand on se réconcilie sereinement avec toutes les contradictions auxquelles la vie nous expose, quand on peut naviguer confortablement entre les deux rives du plaisir et de la douleur, et connaître l'une et l'autre sans s'attacher à aucune, alors on est libre.

La joie et le chagrin, le bonheur et la souffrance, sont le jeu des contraires ; ce sont des états éphémères, car ils sont soumis au temps. L'esprit, votre moi essentiel, est indépendant de ce jeu des opposés ; il réside dans la félicité silencieuse de l'éternel. Et quand vous savez que vous êtes ce champ de pure conscience, alors votre vie émane de la source, qui *est* félicité.

Voilà pourquoi la clé du bonheur éternel consiste à cesser de courir après lui et à savoir que vous le possédez déjà. Si vous cherchez le bonheur, vous ne le trouverez jamais. Si vous pensez qu'il vous attend au prochain tournant, vous n'avez pas fini de tourner. La clé du bonheur, c'est de vivre et de jouer dans ce champ d'intelligence situé au-delà du positif et du négatif. Ce champ est votre source, il est magique, sacré, joyeux et libre.

Le bonheur et la tristesse sont des facettes différentes de la conscience infinie. Tous deux sont éphémères et vous n'êtes ni l'un ni l'autre, car vous n'êtes pas un état de conscience. Vous êtes la conscience elle-même qui s'exprime à travers ces états. Pourquoi vouloir vous identifier à une vague sur l'océan ou à une simple goutte d'eau, alors que vous êtes l'océan ? Vous n'êtes pas le *mouvement* éternellement changeant de l'océan. Vous êtes *l'« aqueusité »* de l'océan, et celle-ci ne change pas.

La nature réelle d'une personne est l'Être, ce n'est pas la pensée. Pour connaître un bonheur durable, il vous faut aller en un lieu situé au-delà de la pensée et connaître la paix intérieure. Il ne s'agit pas d'avoir une attitude positive. Il ne s'agit pas davantage de renoncer à votre tristesse et de faire entrer en vous le bonheur. Vous devez aller au-delà des deux ; sans quoi, vous resterez prisonnier d'une autre version de la pensée positive. Il vous faut aller au-delà du monde de la dualité, jusqu'au champ de pure potentialité et vous établir dans votre source.

Rûmî, dans l'un de ses poèmes les plus éloquents, dit : « Au-delà des notions de bien et de mal se trouve un champ. C'est là que je t'attends. » Ce champ n'est pas dans l'univers de la pensée. Il se situe au-delà de tout concept, de toute idée, de toute interprétation. Dans ce champ qu'évoque Rûmî, on trouve le pouvoir de manifester ses désirs, la liberté de toute peur ou limitation, ainsi que ce facteur de chance qu'on nomme la grâce, c'est-à-dire l'accomplissement de ses désirs par des synchronicités, avec le soutien des lois de la nature.

Mais d'abord, il faut se rendre au-delà de la dualité, au-delà des qualificatifs de bon et mauvais, de juste et faux. De même que la vérité, la bonté, l'harmonie et la beauté sont des impulsions évolutives spontanées de l'univers, de même le mal, l'inertie, le chaos, la confusion et la destruction le sont aussi. Et c'est la tension qui règne entre ces deux pôles qui donne son sens à la vie. Que serait la vie en l'absence de toute opposition ? Elle serait bien ennuyeuse. Avez-vous déjà vu un film où tout va toujours très bien ? On s'en lasse vite !

Toute la création est faite de contraste, de tension, d'insatisfaction divine. S'il n'existait que la vérité, la bonté, l'harmonie et la beauté, l'univers se dilaterait et disparaîtrait. Il faut que quelque chose le retienne. De même, si n'existaient que les forces d'inertie destructives, alors l'univers se consumerait rapidement jusqu'à la température mortelle du zéro absolu. Il se dissoudrait dans un trou noir – *pschitt !* – et disparaîtrait. Donc, les deux sont nécessaires. Le jeu des deux polarités est indispensable, sans quoi ce monde n'existerait pas.

Toutes nos expériences se vivent pas contraste, puisque l'univers est constitué d'opposés : la lumière et l'obscurité, le plaisir et la douleur, la naissance et la mort, la chaleur et le froid. En l'absence de tout contraste, aucune expérience ne serait possible. Le plaisir existe parce qu'il y a la douleur, la joie existe parce qu'il y a le chagrin, le chaud parce qu'il y a le froid, la richesse du fait de la pauvreté, le courage en raison de la couardise, et enfin l'amour parce qu'il y a le contraire de l'amour. Tant que l'on n'a pas vécu les deux, un seul terme d'une polarité n'a aucun sens et on ne peut le connaître. Un dicton indien dit : « Un aveugle de naissance ne sait pas ce qu'est l'obscurité, puisqu'il n'a jamais connu la lumière. »

L'esprit est fait d'énergies opposées qui jaillissent et créent le feu de la vie. En nous se trouvent à la fois le divin et le diabolique, le pécheur et le saint, le sacré et le profane. En nous, il y a les désirs interdits et l'amour inconditionnel, la béatitude du paradis et la nuit noire de l'âme. Nous sommes toutes ces choses, puisque nous sommes le champ de tous les possibles. Imaginez un instant un monde peuplé d'optimistes béats.

Franchement, voudriez-vous *vraiment* vivre dans ce monde-là ?

Quand on se tient en pleine lumière, on a une ombre. Si l'on n'a pas d'ombre, c'est qu'on se trouve dans l'obscurité. L'ombre, c'est la part de soi dont on a honte, celle qu'on préférerait que les autres ignorent. C'est la facette de notre être que nous bouclons dans un placard. L'ombre est noire, secrète, primitive, drapée de mythologie. Et quand on l'ignore, elle a tendance à dire : *Bon, eh bien je vais te mettre dans l'embarras. Je veux que tu me remarques.*

Quand vous faites à la fois preuve de qualités positives et négatives, vous n'êtes pas imparfait : vous êtes complet. Quand vous êtes à l'aise avec votre ombre, quand vous l'acceptez – puisque c'est ainsi que la conscience infinie vous a créé – vous devenez extrêmement séduisant, et votre vie se transforme en aventure. Vous êtes naturel dès l'instant où vous vous sentez confortable avec votre ambiguïté, et rien n'est plus beau que d'être naturel. Quand vous êtes aussi à l'aise avec vos forces qu'avec vos faiblesses, une humanité simple et non affectée irradie de vous. Voilà l'essence de ce qui attire à soi l'amour d'autrui, puisqu'on n'est plus sujet aux comportements qui font fuir l'amour. Vous cessez de rechercher constamment l'approbation d'autrui, piégé par des pensées du style : *Que pense-t-on de moi ? Suis-je supérieur ou inférieur aux autres ? Est-ce qu'on m'aime ou pas ?* Vous ne passez plus votre temps à vous comparer à un idéal inexistant. Votre ego ne vous dit plus : *Je ne suis pas à la hauteur. Je ne suis pas assez beau, assez sexy, assez riche.*

Si vous fonctionnez en mode référence à l'objet, votre expérience quotidienne se fonde sur la peur et la résistance à ce qui est. Alors qu'en mode référence à soi, votre vécu se fonde sur l'amour et l'acceptation de ce qui est. Les gens qui ne se réfèrent qu'à eux-mêmes sont naturels et insensibles à l'opinion d'autrui. Ils sont innocents, simples et semblables à des enfants : *Merci, mon Dieu, de m'avoir fait tel que je suis. J'ai des qualités mais aussi des défauts : j'ai tout cela en moi. Je suis complet.* S'accepter soi-même, s'accepter *totalement*, c'est se pardonner. Quand vous vous pardonnez et que vous cessez de vous juger, vous ne jugez plus non plus les autres, et les conflits sont ainsi moins nombreux dans le monde.

Toute relation est un miroir du moi. Les gens qui vous attirent ou vous repoussent fortement sont tous deux vos miroirs. Vous êtes attiré par les gens qui possèdent des traits déjà présents en vous, mais que vous souhaitez développer davantage, et vous êtes repoussé par les personnes en qui vous décelez des traits que vous niez en vous. Identifiez à la fois les qualités qui vous attirent et les défauts qui vous repoussent. Notez-les sur un bout de papier. Voilà qui vous êtes. Et si vous vous acceptez tel que vous êtes, que vous vous aimez ainsi, vous devenez extrêmement séduisant, parce que vous êtes naturel.

Pourquoi ne pas vous rendre irrésistible ? Acceptez votre ombre, comprenez-la, offrez-lui votre pardon. Acceptez le fait que vous êtes les diverses facettes du divin : vous êtes le prisonnier et la prison ; vous êtes le geôlier, mais aussi la liberté. Vous êtes destiné à jouer un nombre infini de rôles, mais vous n'êtes pas ceux que vous jouez.

En ce moment même, je joue le rôle d'un auteur. Lorsque je pense à mes enfants, j'adopte le rôle d'un père. Quand je songe à ma femme, je joue celui d'un mari. Quand je pense à mes parents, je joue le rôle d'un enfant. Quand je pense à un patient, je joue au docteur. Mais je ne suis aucun des rôles que j'adopte. Je suis l'esprit éternel, le témoin silencieux qui joue tous ces rôles.

Dans la grande chaîne de la vie, où la naissance et la mort sont le premier et le dernier acte de la tragicomédie éternelle de l'existence, nous avons tous joué un nombre infini de rôles, depuis une durée qui dépasse l'imagination. Même après notre mort, notre esprit continuera d'en tenir d'autres. Pouvoir être indépendant des rôles que l'on adopte, et cependant les jouer avec passion, voilà ce qu'est la participation détachée. Comme nous le verrons au chapitre 8, cette attitude est naturelle pour celui qui est établi dans la conscience cosmique. Il est impliqué, tout en étant libre en même temps. Dans la conscience cosmique, toute la vie se déploie sans effort. On connaît alors une joie plus grande, une aisance accrue et même l'état de grâce, parce qu'on laisse l'intelligence universelle jouer à travers soi.

Quoi qu'il puisse vous arriver, cela ne dure qu'un temps. Si c'est de la joie et du plaisir, soyez certain qu'un peu du contraire vous attend au tournant. Si ce sont des souffrances et des malheurs, soyez assuré de même qu'un peu de leur contraire vous échoira aussi à deux pas. Mais dans la conscience cosmique, vous êtes indépendant du jeu des contraires, indépendant de l'espoir comme du désespoir. L'espoir n'est qu'un signe de désespoir. Quand vous dites : « J'ai de l'espoir », cela veut dire que vous êtes désespéré. Il vous faut aller au-delà de l'espoir et du désespoir, chose que vous ne pouvez faire qu'en vous enracinant dans la sagesse de votre être véritable, non seulement intellectuellement, mais « expérientiellement ».

On peut tout maîtriser dans la vie, dès lors qu'on connaît la vérité concernant qui l'on est. Une fois que votre esprit se sera absorbé dans la nature illimitée de la conscience pure, vous ne serez plus perturbé par le jeu des opposés. Vous serez témoin du monde de la dualité, mais vous vivrez dans le champ de pure potentialité. Votre vie émanera alors de la source du bonheur éternel, la source du pouvoir, de la liberté et de la grâce.

Points-clés

- La clé du bonheur éternel consiste à s'identifier à l'essence immuable de votre être intérieur, de votre source. Vous cesserez alors de rechercher le bonheur, sachant que vous le possédez déjà.

- Ce qui est plus important qu'un esprit positif, c'est un esprit silencieux. Un esprit silencieux ne juge pas, n'analyse pas et n'interprète pas.

- Quand vous accepterez toutes les contradictions de la vie, quand vous saurez naviguer confortablement entre les deux rives du plaisir et de la douleur, et goûter à chacune sans rester coincé dans l'une ni dans l'autre, vous aurez atteint la liberté.

• 7 •

Comment puis-je vivre avec une parfaite aisance ?

Flux [fly] *:*

Écoulement facile et gracieux, sans discontinuité.

Au moment de votre conception, vous n'êtes qu'un brin d'ADN, une minuscule particule d'information et d'intelligence qui se différencie après en des centaines de milliers de milliards de cellules, pour former ensuite un bébé complet avec des yeux, un nez, des oreilles, un cerveau, des bras, des jambes et des organes génitaux. Vous n'avez rien fait pour qu'une telle chose arrive, et pourtant vous en êtes responsable. Dans ce modèle de base, dans cette petite particule d'information, se trouve un plan indiquant quand vos dents vont pousser, à quel moment vous atteindrez la puberté et à quelle époque vous commencerez à produire des hormones sexuelles, de façon à pouvoir vous reproduire. Tout cela figure dans ce petit brin d'ADN et le processus se déroule ensuite avec une spontanéité et une aisance parfaites, sans résistance. L'impulsion de l'univers se manifeste à travers vous sous la forme de cette double hélice d'ADN.

Maintenant, si vous êtes capable de produire des centaines de milliers de milliards de cellules sans confusion, et si chaque cellule peut accomplir sa tâche et corréler son activité avec celles de toutes les autres cellules, sans désordre, c'est parce que l'intelligence de l'univers elle-même se répand à travers ce brin d'ADN que vous ne discernez même pas au microscope. Donc, le mieux que vous ayez à faire, c'est de laisser les choses se faire. Il ne serait pas sage d'interférer.

Et comment interfère-t-on avec cette intelligence ? En termes spirituels, on peut dire que vous interférez sitôt que vous vous identifiez à votre image de soi et que vous perdez le contact avec votre moi intérieur, sitôt que vous êtes coupé de votre âme, de votre source. En termes plus ordinaires, on pourrait dire que vous interférez quand vous vous faites du souci, que vous commencez à anticiper les problèmes, que vous vous dites : *Qu'est-ce qui risque de mal tourner ?* Chaque fois que vous essayez de tout contrôler, que vous avez peur, que vous vous sentez isolé, vous interférez avec le flux de l'intelligence de la nature.

L'intelligence innée est spontanée, intuitive, évolutive et complète. C'est le flux de l'univers tout entier qui se déverse en vous. Mais la peur, le doute, les inquiétudes et les soucis créent en vous des tensions qui contrecarrent ce flux spontané de l'intelligence. Ce que l'on nomme *stress* est précisément ce qui diminue le flux de l'intelligence qui s'écoule du non-manifesté vers le manifesté.

Chaque fois que vous éprouvez une résistance, chaque fois que les choses vont de travers, que vous ressentez de la frustration, qu'il faut faire trop d'efforts, c'est le signe que vous n'êtes pas en contact avec votre source, avec le champ de pure potentialité. La peur est un état de séparation ; c'est une résistance à ce qui est. Si vous n'offrez aucune résistance, tout se fait spontanément, avec une aisance parfaite.

L'esprit étant partout, il est non local : c'est par l'attention que nous le localisons. Si, donc, nous voulons que quelque chose se manifeste dans notre vie, nous commençons par y prêter attention. Inversement, si nous ne souhaitons pas voir telle chose se présenter dans notre existence, nous en détournons notre attention. D'ailleurs, toute la mécanique de la création se résume à cela : une certaine qualité d'attention du Moi à lui-même.

En ce moment même, vous n'êtes sans doute pas conscient que votre pied touche la semelle de votre chaussure ou que votre peau nue est en contact avec vos habits. Sitôt que vous prêtez attention à ces faits, ils deviennent parties intégrantes de votre réalité. Le principe de base est donc le suivant : quel que soit l'objet de votre attention, celui-ci acquiert plus d'importance dans votre vie.

Quand les gens éprouvent une douleur, ils cherchent à l'éviter ou à la fuir. Et plus ils s'y emploient, plus leur attention est tout à l'*idée* de leur douleur. Du coup, celle-ci est amplifiée et, bien entendu, provoque davantage de souffrance. Si, donc, vous avez mal à la tête et que vous souhaitiez vous en débarrasser, soyez simplement présent à ce mal de tête ; soyez présent à cette douleur. Ne l'analysez pas, ne l'interprétez pas et ne la jugez pas. Que cette sensation fasse l'objet de toute votre attention. Prêtez-y attention et vous verrez que la douleur se dissipera. La conscience pure est une force de guérison, aussi quand vous prêtez attention à une sensation, la conscience s'y plonge et la sature de l'énergie thérapeutique de la vie. Si, par contre, l'objet de votre attention devient l'*idée* de la douleur, cette dernière va s'intensifier.

Quand vous allez au-delà de la pensée, au-delà de l'*idée* de la douleur, vous êtes dans l'Être. Et quand vous Êtes, vous ne pensez pas. Depuis ce niveau de conscience, mettez simplement toute votre attention sur le corps, dans une attitude de témoin, sans penser à ceci ou à cela, en restant simplement attentif. Tout ce à quoi vous pouvez *penser* est une notion. La douleur est une notion ; la souffrance est une notion, le bonheur, le temps, la richesse et la pauvreté sont des notions. Il n'existe rien qui n'ait d'abord été une notion, une idée, un concept ou une sorte de désir. Mais la *source* de la pensée, le *penseur* derrière cette pensée, n'est pas une notion. C'est l'Être pur, la potentialité pure.

Que fait l'Être, pour se manifester sous forme de matière ? Il a une idée, une notion, et celle-ci localise immédiatement le champ de tous les possibles dans telle ou telle réalité. L'Évangile dit : « Au commencement était le verbe, et le verbe se fit chair, et le verbe était avec Dieu. » C'est exactement la mécanique de la manifestation. Qu'est-ce que le verbe, la parole ? C'est une idée, une notion, un concept, et ce concept est la manifestation spontanée d'une impulsion de la conscience. C'est tout.

L'Être n'est pas un concept, parce qu'il échappe à toute conceptualisation ; il est au-delà de tout concept. L'Être n'a ni commencement ni fin dans le temps, ni limites dans l'espace. Nous sommes en train d'être des humains, plutôt que des êtres humains[4]. Nous avons trouvé le mode d'expression propre aux humains, mais au niveau essentiel, nous sommes l'Être pur. Cette notion peut vous sembler abstraite, mais si vous allez au-delà de la pensée pour goûter à l'Être, vous verrez que ce n'est pas le cas.

La plupart des gens s'attachent à des concepts et à des notions plutôt qu'à l'expérience de l'Être. Cela revient à confondre la carte et le territoire. Le territoire, c'est l'expérience de l'Être, c'est la réalité que nous voulons connaître. La carte n'est que la description du territoire, mais c'est à elle que nous nous identifions essentiellement. Ce qu'il nous faut bien comprendre, une bonne fois pour toutes, c'est que nous ne sommes pas la pensée, mais celui qui engendre la pensée.

L'Être est la source de la pensée ; c'est également de lui que vient l'accomplissement du désir. Qu'est-ce que le désir ? C'est une potentialité pure cherchant à se mani-

---

4. Le jeu de mot est plus parlant en anglais : « We are being humans rather than human beings. » NDT

fester. Mais l'accomplissement d'un désir exige tout d'abord que l'on Soit, ensuite de quoi, la seule présence de ce désir dans notre conscience engendre spontanément la réalité correspondante. Voilà la mécanique de la création : c'est ainsi que l'univers a accédé à l'existence. L'univers est le champ de tous les possibles, interagissant avec lui-même. C'est la raison pour laquelle la mécanique nécessaire à sa réalisation spontanée est inhérente à chacun de nos désirs. Seules l'attention et la non-interférence sont requises.

Lorsque je désire me rendre de tel endroit à tel autre, mon corps le fait sans que j'aie à lui en verbaliser les instructions précises pour qu'il se déplace ; ça se fait tout seul. Lorsque je m'endors, le soir, je n'ai pas besoin de me coucher dans mon lit puis de dire : *Allez, mon corps, modifie ton état de conscience et passe en mode de sommeil.* Je n'*essaie* pas de m'endormir. Le mécanisme de transformation de mon état physiologique est inhérent à mon désir de dormir. D'ailleurs, tout ce qui se produit dans mon corps n'exige qu'un désir infime, et moins je me soucie du mécanisme de réalisation, plus ce dernier est efficace. Sitôt que je commence à m'en soucier, il perd de son efficacité et interfère avec le flux de l'intelligence innée.

Quel que soit notre désir, nous devons éviter d'interférer avec sa réalisation. Interférer signifie provoquer un résultat non désiré, et le meilleur moyen d'interférer avec la manifestation d'un désir, c'est d'essayer trop fort, c'est de faire trop d'efforts. On interfère donc quand on doute, quand on est réceptif à l'opinion des autres, ou encore quand on s'attache au résultat attendu, au lieu de se contenter d'être et de porter en soi ce désir.

Lorsque vous regardez un batteur de base-ball frapper la balle et un coéquipier du lanceur tenter de la rattraper, avez-vous l'impression qu'ils se préoccupent des mécanismes de leur sport ? Non, leurs gestes sont complètement spontanés. Avant même que le premier ait frappé la balle, l'autre s'est déjà mis en mouvement, animé par l'intention non verbale de suivre et d'attraper cette balle. La partie se joue elle-même à travers les athlètes. Sitôt que le flux du désir s'anime, la pensée n'intervient plus du tout ; tout est absolument non verbal. Les joueurs se meuvent spontanément et sans effort dans la bonne direction. Voilà la clé de la satisfaction de n'importe quel désir, qui est aussi celle de toute action efficace.

L'univers s'exprime en se contentant d'Être, sans effort. Il est pure potentialité cherchant à se manifester en ayant tout d'abord un désir, puis en lâchant prise. Un bon musicien vous dira que ses moments de grâce surviennent quand il a l'impression que ce n'est plus lui qui joue tel morceau, mais la musique elle-même qui se joue à travers lui. Les danseurs les plus accomplis vous expliqueront qu'à partir d'un certain point, ils n'ont plus le sentiment de danser ; c'est la danse même qui s'exprime à travers eux. C'est aussi de cette façon-là que les poètes inspirés écrivent des vers ou qu'un parolier écrit une chanson ; les mots jaillissent spontanément d'eux. Voilà ce qu'est la pensée magique, et dès que vous y aurez goûté une fois, cela suffira à changer votre vie tout entière.

Lorsqu'un jardinier sème une graine, il n'essaie pas de la faire pousser, pas plus qu'il ne doute qu'elle deviendra une plante. L'opinion d'autrui n'interfère pas avec sa conviction que chaque graine porte en elle tout ce qui lui est nécessaire pour qu'elle devienne une plante. De même, ce jardinier ne s'attache pas de façon obsessionnelle au résultat qu'il attend ; il sait que celui-ci se manifestera. En matière de désirs, donc, pour utiliser notre pouvoir de façon efficace, il nous faut lâcher prise de tout attachement au résultat. Ce qui ne veut pas dire que nous ne désirions pas ce résultat. À l'évidence, nous le préférons à tout autre, mais nous n'y sommes pas rigidement *attachés.*

L'attachement est une forme de peur, de doute et de préoccupation qui réduit le flux de l'intelligence de la nature. Quand on a un désir, on sait quelle intention nous anime et on lâche prise, en faisant confiance à l'univers pour organiser tous les détails de sa réalisation. On ne se fait aucun souci quant au résultat : on ne fait qu'émettre un désir à partir du cœur, puis le laisser nous traverser sous l'impulsion de l'univers. Plus on se détache et on lâche prise, plus nos désirs se concrétisent spontanément.

La vieille croyance en la souffrance affirme ceci : *Je dois me défoncer pour atteindre mon but ; plus je travaille dur, plus j'ai de chance de réaliser mes objectifs.* Il s'agit là d'une conception très occidentale, mais la nature opère-t-elle de cette manière ? Discernez-vous le moindre effort dans un vol d'oiseaux migrateurs quittant la Sibérie pour l'Amérique du Sud ? Observez-vous des efforts de la part de l'intelligence du corps-esprit, dans sa capacité à orchestrer un nombre infini d'activités, tout en suivant le mouvement du cosmos tout entier ? Et de la part d'une graine, constatez-vous le moindre effort pour devenir un arbre qui portera fruit ?...

La nature fonctionne avec un maximum d'efficacité, sur la base du principe « *moins d'efforts, plus de résultats* ».

C'est la loi du moindre effort. Si nous imitons sa façon de faire, nous pouvons également accomplir davantage en en faisant moins. Nous pouvons nous rendre dans ce champ de silence, d'où toute créativité est issue, y émettre un désir, puis lâcher prise et observer les résultats se manifester. Et quand les choses ne semblent pas correspondre à nos attentes, nous lâchons prise de la façon dont nous concevions qu'elles devaient se passer, confiants que – pour l'instant, du moins – nous n'avons pas une vision d'ensemble de toute la situation. Dans le contexte général, cette vision d'ensemble nous est favorable. Nous comprenons donc que notre vie a un but qui s'inscrit dans la finalité générale du cosmos. Dès lors, nous cultivons une attitude de détachement et d'acceptation, sachant que l'univers est de notre côté.

L'univers s'occupe de tous les détails, pour tout le monde et dans toutes les situations, et nous savons qu'il le fait aussi pour nous. Nous avons l'assurance profonde que l'intelligence universelle ne laissera aucun point de côté. Après tout, cette intelligence gère les moindres détails du fonctionnement de notre corps-esprit. Elle gère aussi tous ceux de la nature et de l'univers, et maintient les étoiles et les planètes en position. Si on peut lui faire confiance pour de telles tâches, a fortiori nous pouvons être sûrs qu'elle saura régler les détails de réalisation de notre désir. Savoir faire confiance au pouvoir d'organisation infini de la nature est une composante importante de l'état de grâce. Connaître l'état de grâce, c'est vivre avec parfaite aisance et sans lutte, confiant que l'intelligence de la nature se déverse en soi. Du coup, on n'interfère pas.

Rappelez-vous : les jardiniers sèment leurs graines, puis lâchent prise. Ils consacrent beaucoup d'attention à leur jardin – une attention *inconditionnelle* – et ne cultivent pas le moindre doute. Il en va de même pour vous. Ayez un but à l'esprit, donnez-lui toute votre attention et n'ayez aucun doute. Abstenez-vous de tout effort et votre désir se manifestera. Les désirs sont pareils aux graines qu'on met en terre. Ils attendent la bonne saison, puis s'épanouissent spontanément en fleurs merveilleuses et en arbres majestueux.

Points-clés

- Vous pouvez vivre avec une parfaite aisance en laissant le flux de l'intelligence universelle se déverser en vous, sans permettre à la peur, à la résistance ou à l'attachement d'interférer.

- Un mécanisme d'accomplissement spontané est inhérent à chaque désir. Le désir est pure potentialité cherchant à se manifester.

- Quand vous êtes stressé, quand vous anticipez les problèmes ou encore quand vous faites trop d'efforts, vous diminuez le flux de l'intelligence de la nature qui s'écoule du non-manifesté vers le manifesté.

• 8 •

Quand serai-je pleinement éveillé ?

Com – plé - tude [kɔ̃ - ple - tyd] *:*
Qui contient tous les éléments ; complet en soi ; non divisé ; unité.

Certaines personnes pensent que ce sont nos relations, notre environnement et les situations ou circonstances qui nous entourent qui façonnent notre état d'esprit. D'autres affirment le contraire : que c'est notre état d'esprit qui crée nos relations, notre environnement, ainsi que les situations et circonstances propres à notre existence. Aucun de ces deux points de vue n'est exact. Notre monde intérieur et le monde extérieur se manifestent tous deux de façon interdépendante, en fonction du niveau vibratoire de notre esprit. Ils forment une boucle de rétroaction qui se perpétue indéfiniment, sauf à accéder à une qualité vibratoire de conscience différente. Le monde qui nous entoure et notre état d'esprit sont tous deux des expressions du niveau d'évolution auquel nous nous trouvons actuellement.

Chaque jour, nous passons normalement par trois états de conscience : la veille, le rêve et le sommeil. Mais ce n'est qu'en passant du temps en silence, dans le calme ou la méditation, qu'on peut accéder à un quatrième état de conscience où il est possible de commencer à entrevoir l'âme. Quand on entrevoit son âme, on devient un peu plus intuitif. On a l'impression que les choses ne sont pas seulement ce qu'elles paraissent être ; il y a quelque chose de plus en coulisse.

Le monde physique que nous percevons normalement n'est que l'ombre du monde réel. Ce dernier, le monde de l'esprit, se trouve derrière un voile, le voile de notre propre conditionnement. En réalité, nous ne sommes pas limités par l'espace, le temps, la matière ou la causalité, mais ce voile nous empêche de distinguer la vérité. Il nous empêche aussi de connaître le pouvoir, la liberté et la grâce.

Dans le quatrième état de conscience, on se met à pressentir la réalité profonde qui orchestre le monde physique, et le voile qui sépare le monde physique du monde spirituel commence à se déchirer. De même qu'il faut se réveiller pour connaître l'état de veille, il faut s'éveiller de ce qu'on nomme la *conscience de veille* pour entrevoir son esprit, son moi intérieur. On appelle cela *entrevoir l'âme*, et c'est le quatrième état de conscience. C'est simplement être en contact avec son âme.

Cela nous conduit à un cinquième état de conscience, appelé *conscience cosmique*, qui correspond à un état de plein éveil de l'âme, à la fois à l'état de veille, dans le rêve et dans le sommeil. Le corps peut être profondément endormi, mais notre âme, le témoin silencieux, observe ce corps endormi. Ou le corps est en train de marcher et le témoin silencieux l'observe marcher. Ou encore le corps joue au tennis et le témoin silencieux l'observe jouer au tennis. Notre conscience est alors à la fois localisée dans l'espace-temps et non locale, ou transcendante.

Jésus a dit : « Je suis dans ce monde, mais pas de ce monde. » Dans la conscience cosmique, nous sommes encore dans ce monde – tantôt éveillés, tantôt rêvant ou dormant – et cependant nous sommes reliés à notre source, tout au long de ces trois états de conscience. Comme une lampe posée sur le seuil, qui éclaire à la fois l'intérieur et l'extérieur d'une pièce, nous sommes simultanément dans ces deux plans. Quand on atteint ce stade, le nombre de synchronicités, de rencontres fortuites et de signes augmente notoirement. On commence alors à comprendre le pouvoir de l'intention. On se met à observer son propre dialogue intérieur et l'on dit : *Je sais que la façon dont je me parle provoque des changements dans ma physiologie et dans mon univers.*

Quand on parvient à la conscience cosmique, on réalise que les relations sont la chose la plus importante qui soit ; car tout, dans la vie, est une confluence de relations. On prend conscience que tout est question d'équilibre entre les énergies masculines et féminines, le yin et le yang, et que chaque fois que l'un ou l'autre prédomine, on se retrouve déséquilibré. À notre époque, il est nécessaire de réveiller le féminin, car la domination du masculin a débouché sur des attitudes belliqueuses, de l'arrogance et des agressions, comme on peut le voir dans tous les problèmes actuels.

Dans la conscience cosmique, on est conscient de n'être ni le corps physique, ni la psyché, ni aucun des rôles que l'on joue. On est le témoin silencieux, et cette prise de conscience procure un sentiment de liberté et de libération. On est impliqué dans les rôles qu'on joue, mais on est reste libre en même temps. On sait alors que l'esprit continuera de jouer d'autres rôles après la mort, et l'on se sent plus à l'aise. Plus on demeure dans la conscience cosmique, en lui permettant de s'épanouir, plus l'univers se manifeste à travers soi, de telle sorte que la danse de la vie ne requiert plus le moindre effort.

Une fois qu'on a entrevu son âme, la réalité nous paraît beaucoup plus intéressante, parce qu'on entrevoit également l'âme des autres êtres. On aperçoit l'âme d'une fleur, d'un arbre, d'une montagne ou d'une rivière, on communique avec elle et on se dit : « C'est une extension de mon corps. J'ai un corps personnel, mais aussi un corps élargi, et ils sont autant miens l'un que l'autre. Ces arbres ne sont pas seulement des arbres ; ce sont mes poumons. Ces rivières ne sont pas que des rivières ; c'est ma circulation. La terre est mon corps, l'air est mon souffle, et le feu de mon cœur est aussi celui des étoiles. »

Quand on n'interfère pas avec l'intelligence de la nature, on en vient à s'éveiller à un sixième état de conscience, appelé *conscience divine.* Dans la conscience cosmique, l'esprit est pleinement éveillé chez l'observateur, qu'il soit à l'état de veille, en train de rêver ou de dormir, mais désormais l'esprit s'éveille aussi chez les êtres et les choses qu'il observe. Dans la conscience divine, on voit et perçoit la présence de l'esprit absolument partout. Si je regarde une feuille, je me dis : « C'est une feuille, mais c'est aussi du soleil, de la terre, de l'eau et de l'air ;

c'est le vide infini et tout l'univers qui jouent le rôle d'une feuille. » La feuille est une manifestation comportementale de l'univers tout entier. Cette manifestation est éphémère et changeante, mais l'espace de quelques instants, l'esprit se localise dans cette feuille.

Si je photographie une vague géante sur l'océan, le mouvement de l'eau se figera sur cette photo. Si ensuite je vous montre cette image et que vous me dites : « Oh, quelle vague magnifique, allons la voir ! », nous irons à l'océan, mais cette vague ne sera plus là, parce que la photo ne montrait que la représentation d'un moment figé. De même, dans l'acte de perception, nous figeons le mouvement de l'univers dans une feuille, dans une table, un nuage ou un arc-en-ciel.

Lorsqu'on s'éveille à la conscience divine, on ne voit pas seulement une feuille, une table, un nuage ou un arc-en-ciel ; on voit l'univers tout entier devenir chacune de ces choses. On sent la présence de l'esprit se déployer naturellement dans tout ce que l'on observe. On ne fait rien de particulier pour que cela arrive ; on autorise simplement l'univers à se déployer et à se manifester de manière ludique, à travers soi.

Dans la conscience ordinaire, on voit ce qui est évident, apparent, ce que tout le monde voit. Mais dans cette conscience extraordinaire, on perce le masque des apparences pour atteindre ce champ de lumière où luit l'esprit, où tout est en lien avec tout. Cette traversée du miroir est une nouvelle qualité d'attention. On devient pareil à une petite étincelle de conscience dans une vaste étendue de conscience, et notre propre attention s'élargit jusqu'à dépasser les limites de l'espace et les corridors du temps.

Quand on pénètre dans cette réalité-là, on se sent en sécurité, y compris au beau milieu du danger. Peu importe à quel degré de chaos et d'agitation le monde environnant est soumis, on ressent de la paix au plus profond de soi. Au beau milieu du bruit et de l'agitation quotidienne, dans ce grand bazar de la vie où chacun marchande, on perçoit un silence intérieur inébranlable. Une voix intérieure s'adresse à nous et nous pousse à effectuer spontanément les bons choix, tissant la toile de notre destinée. Nos prières reçoivent une réponse, des miracles ont lieu et la seule réalité de l'existence suffit à nous émerveiller.

Dans la conscience divine, notre âme s'éveille à tout ce que l'on observe et cette conscience nous permet de communier avec les autres âmes. Communier, ce n'est pas seulement communiquer ; c'est établir un contact d'âme à âme. C'est un partage spirituel. Quand on communie, on se sent l'égal de tous les êtres ; on ne s'estime ni supérieur ni inférieur à quoi que ce soit. Dans la communion, on éprouve de l'empathie pour tous les êtres ; on perçoit ce qu'ils éprouvent et l'on communique sans recours aux mots.

Par la communion, on se sent en intimité avec le monde. On ressent la présence de l'esprit en soi-même et en toute chose, et, du fait de ce changement de conscience, on devient ce que l'on perçoit. Dès lors, on peut communiquer avec l'esprit de toute chose dans le monde naturel et il nous répond. On peut demander au nuage de pleuvoir ou à un arbre de porter fruit, et accomplir des miracles. Tous les miracles sont des exemples de conscience divine, ce qui veut dire qu'à ce stade, il n'est plus difficile de trouver l'esprit divin ; il devient au contraire impossible de l'éviter.

Ensuite, on s'éveille au septième état de conscience qui est la *conscience de l'unité*. Cela intervient au moment où l'esprit qui demeure en nous, qui est désormais pleinement éveillé, se fond dans l'esprit qui est à l'intérieur des objets, lui aussi éveillé. Ils ne font alors plus qu'un et il ne subsiste qu'un seul esprit. Nous sommes cet esprit unique et l'univers tout entier en est la manifestation. Dans la conscience de l'unité, l'amour irradie de notre cœur comme la lumière d'un feu de joie. Notre moi personnel devient le Moi universel et nous voyons tout l'univers dans notre être.

À ce moment-là seulement, il nous est donné de comprendre l'expression védique : « Je ne suis pas dans le monde ; c'est le monde qui est en moi. Je ne suis pas dans le corps ; c'est le corps qui est en moi. Je ne suis pas dans l'esprit ; c'est l'esprit qui est en moi. Le corps, l'esprit et le monde se manifestent en moi, tandis que je m'incurve en moi-même et que je les crée. »

D'ordinaire, on se considère comme quelqu'un qui existe à tel endroit, dans telle ville de tel pays, dans le monde. Mais ce n'est pas la véritable réalité ; c'est plutôt l'inverse. C'est le monde qui existe en nous. Ce que l'on nomme le *corps physique* et le *monde physique* est une projection de la conscience. Sans nous – le « je suis » – le monde n'existerait pas. John Wheeler, un théoricien de la physique, collègue d'Albert Einstein, disait que l'univers n'existe pas tant qu'il n'a pas d'observateur conscient. Cet observateur peut être un moustique, ou encore vous ou moi. Mais de même qu'il ne peut y avoir de courant électrique s'il n'y a pas un pôle positif et un pôle négatif, il ne peut pas non plus y avoir d'univers physique en l'absence d'un créateur et de quelqu'un pour observer sa création.

L'univers est conscient et, comme il l'est, il est conscient de lui-même. La conscience infinie est donc son propre observateur. Où est cet observateur ? Il se trouve dans la discontinuité, dans la faille, dans la position « éteint ». Qu'observe l'observateur ? Il est obligé de s'observer lui-même. Avant que la conscience infinie ne s'observe, il n'existe ni espace, ni temps, ni matière. Ni causalité, non plus. Il n'existe que le potentiel de tout cela. Mais lorsque l'observateur, qui réside dans la discontinuité, s'observe lui-même – aussi dans la discontinuité – l'« éteint » observe l'« éteint », et mystérieusement s'allume. Voilà comment la conscience infinie, en interaction avec elle-même, crée l'observateur, le processus d'observation et ce qui est observé. Toute création est une auto-interaction.

Dans son interaction avec elle-même, la conscience infinie commence par créer la psyché, puis le corps, puis le monde physique. Tout ce que nous considérons comme *physique* est la traduction de différentes fréquences vibratoires de conscience dans la psyché. Et cette dernière est à son tour une interprétation de la conscience en direction d'elle-même.

Dans un vers magnifique, Rûmî dit : « J'ai vécu au bord de la folie, aspirant à connaître les raisons, frappant à une porte. La porte s'ouvre. Je frappais de l'intérieur ! » En d'autres termes, nous sommes tous contenus dans l'esprit unique, qu'on l'appelle *esprit de Dieu, conscience infinie, esprit* ou *champ unifié.* Il n'existe ni « dedans », ni « dehors » ; il n'y a que l'activité unique d'une seule conscience. Notre nature fondamentale est pure conscience. Et l'âme, aspect de la conscience pure, doit observer celle-ci pour créer l'espace, le temps, la matière et la causalité.

Au niveau relatif, je suis l'observateur qui regarde des objets. Dans l'absolu, je suis à la fois la manifestation de l'observateur et de l'objet de ma perception ; ils se manifestent ensemble, de façon interdépendante. Au niveau existentiel le plus profond, quand je vous regarde, c'est moi que je vois. Mon moi le plus profond est en interaction avec lui-même et nous crée tous deux, à la fois vous et moi. Quand je regarde un arbre, je me vois aussi moi-même. Mon moi le plus profond interagit avec lui-même pour créer à la fois l'observateur de l'arbre et l'arbre.

Le monde existe en nous ; ce n'est pas nous qui existons dans le monde. C'est un concept difficile à saisir et vous pourriez passer une vie entière à tenter de le comprendre intellectuellement. Toutefois, d'un point de vue pratique, la prochaine fois que vous verrez un arbre ou un autre être, ou que vous contemplerez quoi que ce soit, dites-vous simplement : *Cet arbre existe en moi. Cet être existe en moi. Ces étoiles et ces galaxies, cette table et cette chaise, tout cela existe en moi.* Dès qu'on se met à se répéter cela, il ne faut guère de temps avant qu'on ne commence à en prendre conscience. Si je me dis : *Cet arbre existe en moi*, j'en tomberai amoureux. Si je me dis que vous existez en moi, je tomberai amoureux de vous. Alors, tôt ou tard, j'aurai une relation intime avec tout ce qui existe.

Dans l'univers, tout est vivant. La Terre, les étoiles, la Voie lactée et les autres systèmes galactiques sont des organismes vivants. L'univers n'est qu'un seul Être vivant gigantesque. Sitôt qu'on établit une relation intime avec cet Être, on tombe amoureux de tout ce qui existe, l'univers s'adresse à nous et révèle ses plus intimes secrets.

Ce que nous appelons les *lois de la nature* sont en réalité les pensées d'un Être sensible. Ce qu'on nomme *l'univers et les systèmes galactiques* sont le corps de cet Être sensible. Un orage électrique qui éclate dans l'atmosphère de la Terre est identique à celui qui se produit dans le réseau synaptique de notre cerveau. Dans le cerveau, cela se traduit par une pensée ; dans le ciel, cela donne un éclair. L'orage électrique de notre réseau synaptique présente-t-il la moindre différence avec celui qui déchire le ciel ? Du point de vue de l'univers, il s'agit de son propre comportement dans les deux cas. C'est une perception erronée de notre part qui nous fait dire : *Ça, c'est moi, et tout le reste est séparé de moi.*

Vous et moi faisons partie d'un univers conscient. Cet univers pense. Il est créatif. Il imagine. Il déborde de créativité, chose qui serait impossible s'il n'était conscient. Je suis créatif parce que l'univers est créatif. Je suis conscient parce que l'univers est conscient. Je pense, car l'univers pense. Je suis doté de subjectivité, car l'univers l'est aussi, ce qui signifie qu'il a une conscience, un « je suis, j'existe ». Et ma propre conscience, mon « je suis », ma sensation d'exister, n'est pas séparée de celle de l'univers.

Quand vous parviendrez à comprendre véritablement cela, vous réaliserez que vous n'êtes pas un corps solide qui existe dans l'espace-temps. L'essence de votre être est la source de l'espace et du temps. Votre âme cocrée le monde avec la source de toute création. À mesure que cette conscience s'éveillera en vous, vous réaliserez qu'il n'y a rien que vous ne puissiez créer. Puis, un jour, la conscience qui semble résider « en vous » se fondera dans la conscience qui paraît être « à l'extérieur » de vous, et vous verrez le monde entier comme votre propre manifestation.

Il n'y a aucune différence entre ce qui arrive dans votre monde intérieur et ce qui survient dans votre monde extérieur. Le monde extérieur n'est que le reflet de votre monde intérieur. Le monde est le miroir de votre esprit, et votre esprit le miroir du monde. Mais vous n'êtes ni l'esprit, ni le monde ; vous êtes le créateur de l'un et de l'autre. Et même cette idée n'est qu'une vérité partielle, puisqu'il n'existe ni monde intérieur ni monde extérieur. Il n'existe que l'auto-interaction de l'Être unique, de la conscience infinie.

Tel est le mystère de la création. Quoi que nous pensions en notre for intérieur, c'est cela que nous devenons dans l'espace-temps, et cela seul que nous vivons. Lorsque nous souffrons et que nous sommes perturbés, une nuit paraît durer toute une époque, alors qu'une nuit de ravissement semble ne durer qu'un instant. Tant la souffrance que le ravissement font partie du rêve, et dans ce rêve, un moment ne diffère en rien de toute une époque.

Le Vedanta affirme : « Ce qui se trouve dans notre psyché est semblable à une ville dans les nuages.

L'émergence de ce monde n'est rien d'autre que la manifestation de pensées. Tous ces univers ne sont que des modifications de la conscience, et dans la conscience infinie, nous nous sommes créés les uns les autres. »

Quand on comprend qu'il existe divers états de conscience, on réalise du même coup que les lois de la nature ne s'appliquent qu'à l'état de conscience de veille, ou au rêve, ou encore au sommeil, dans les cycles ordinaires de vie et d'activité. À mesure que nous naviguons entre ces états de conscience, nous évoluons entre différents mondes.

L'âme vit simultanément dans de nombreux états de conscience, mais notre vécu quotidien dépend de l'objet de notre attention. Par l'attention, chaque pensée, chaque désir devient une petite graine d'information qui se localise à partir de notre âme non locale. Et comme les êtres humains sont des conteurs, on se raconte des histoires sur nos propres pensées. Quand on appelle un amie et qu'elle ne nous rappelle pas, on se dit : *Elle ne m'aime pas ; j'ai peut-être un trop grand nez.* On se raconte une histoire, puis on la vit et on appelle cela *la vie.* La même chose nous arrive aussi la nuit, sauf que l'esprit logique est endormi, et on appelle cela un *rêve.*

Une nuit, j'ai rêvé que je jouais au golf et que j'avais remporté un trophée. Des centaines de gens étaient présents sur le terrain et tous m'avaient applaudi quand j'avais reçu ce magnifique trophée. Le lendemain, j'avais ma photo dans le journal. Puis, je me suis réveillé et je me suis dit : « Mon Dieu, j'ai inventé toute cette histoire ! J'étais Deepak en train de gagner ce trophée. J'étais le terrain de golf, j'étais ces centaines de personnes, et aussi la photo dans le journal. » Mais je n'en avais aucune idée, pendant toute la durée du rêve ; je n'en ai pris conscience qu'à mon réveil.

Puis, un jour, je me réveille de la conscience de veille et je réalise que tout n'est qu'une projection de ma propre conscience, de mon moi intérieur. Dans tous ces états de conscience, je suis le producteur, le metteur en scène, l'acteur. Je suis le protagoniste, le héros, le méchant. Je suis le prisonnier, le geôlier, la prison. Et la liberté, aussi. Et je n'en savais rien, mais désormais je suis pleinement éveillé, et j'en ai conscience. Dorénavant, je peux faire le choix de jouer dans cette pièce, et elle s'appelle *lila*, le jeu de l'univers.

Dans mon Inde natale, *lila* est la danse cosmique de Shiva et Shakti, les aspects masculin et féminin du pouvoir créateur. La danse cosmique est un merveilleux symbole de la création. Le pied qui est au sol représente le calme du champ de l'absolu, tandis que celui qui est dressé en un pas de danse symbolise le champ dynamique du relatif. Mais au-delà de cette imagerie charmante, *lila* évoque le ravissement et la liberté de créer.

La conscience infinie crée et joue à travers nous à des fréquences différentes : le sommeil profond, dont on s'éveille pour pénétrer dans le rêve, dont on s'éveille pour l'état de veille, dont on s'éveille pour entrevoir l'âme, état dont on s'éveille pour accéder à la conscience cosmique, dont on s'éveille en entrant dans la conscience divine, pour se réveiller finalement dans la conscience de l'unité.

La conscience infinie est le champ de tous les possibles et, quand l'univers s'écoule à travers nous sans interférence, on découvre toutes les réalités dans lesquelles la conscience se manifeste comme espace, temps, matière et causalité. Mais allez au-delà du champ de la pensée, du champ des émotions, du champ de l'ego, du champ de la personnalité, et il ne reste plus qu'un seul champ. Voilà qui nous sommes : le champ de pure conscience qui se localise sous la forme d'une personne.

En tant que personne, il semble que je sois distinct des autres, aussi je me dis-je : *Je suis Deepak. Je suis ici et vous êtes là. Untel est mon ami ; tel autre mon ennemi. Celui-ci est quelqu'un de bien ; celui-là non.* Mais tout cela est une projection de la conscience. Une « personne », cela n'existe pas. Ce qu'on appelle une *personne* n'est que la conscience infinie se manifestant à travers une structure comportementale éphémère. Si vous vous considérez comme une personne, vous verrez des personnes partout. Mais si vous prenez conscience que vous n'êtes pas une personne, alors vous percevrez la présence de l'esprit, de l'Être unique, partout. L' tre qui regarde par mes yeux et l'Être qui regarde à travers vos yeux n'est que le même Être sous différents masques.

L'univers n'est que le rêve de la conscience infinie et c'est dans ce rêve que sont nés la conscience de l'ego et le fantasme qu'existent d'autres personnes. Mais ces « autres » ne sont que des productions oniriques. Dans la hiérarchie enchevêtrée de la création, toutes choses sont inséparablement une et il n'existe qu'une cocréation interdépendante.

Regardez n'importe quel objet autour de vous, par exemple une chaise ou une table. Ils ont l'apparence d'objets, dans votre champ de perception, mais ce n'est là qu'une superstition matérialiste, qu'une erreur de l'intellect. Si vous vous limitez à votre perception sensorielle, vous ne connaîtrez jamais la globalité. Vous ne connaîtrez que des fragments de la réalité parce que vos yeux, vos oreilles, votre nez, votre bouche et vos mains ne sont que les fragments d'un équipement sensoriel.

La table sur laquelle vous écrivez, la chaise sur laquelle vous êtes assis – tout ce qui existe d'animé ou d'inanimé – ne sont que l'univers tout entier manifesté dans une structure comportementale spécifique. Dépassez cette structure comportementale et percevez la présence de ce qui adopte ce comportement. Alors, vous verrez et vous sentirez la présence de l'esprit dans le moindre objet de votre perception.

Cette table et cette chaise sont faites de bois, et la plus infime particule de ce bois contient toute l'histoire de l'univers. Le bois est issu d'arbres et de forêts. Ces derniers sont faits de lumière solaire et de pluie, de terre et d'air, et du vide infini situé au-delà des profondeurs de l'espace et de l'obscurité du temps. Les arbres et les forêts sont inséparables des écureuils et des nids d'oiseaux, comme de toute la trame de la vie dans la grande chaîne du vivant. La table et la chaise sont donc inséparables de l'univers et de tout ce qu'il contient. Ils sont les charpentiers et les usines, les employeurs et les employés, les grossistes et les clients. Ils sont toutes ces personnes, leurs vies et leurs amours, leurs espoirs et leurs déceptions, leurs angoisses et leurs plaisirs, leurs joies et leurs douleurs.

Désormais, vous ne percevez plus seulement des fragments de la réalité ; vous *voyez*. Une fois pleinement éveillé, vous ouvrez les yeux et vous voyez vraiment. Et que voyez-vous ? Vous voyez le tout dans la moindre partie. L'univers tout entier est présent dans la plus petite de ses parcelles. Vous voyez l'océan dans la goutte d'eau, et comme vous percevez ce qui est complet, votre vision est sacrée. Quand elle atteint cette qualité, vous êtes guéri.

Guérir, c'est recouvrer la mémoire de la complétude ou de la sainteté. Un ancien proverbe de l'Inde dit ceci : « Tous ces efforts pour apprendre, alors qu'il suffit de se souvenir. » Et de quoi faut-il vous souvenir ? De votre véritable nature.

Dès que vous aurez découvert votre identité réelle, vous serez guéri à tous les niveaux et votre transformation s'amorcera. Un poème zen dit : « Les feuilles d'automne, la neige en hiver, la brise de l'été, les fleurs du printemps. Quand vous êtes pleinement éveillé, c'est la meilleure saison de votre vie. »

Points-clés

- Vous êtes pleinement éveillé à partir du moment où vous voyez et percevez la présence de l'esprit en toute chose.

- L'univers se déverse en vous et joue à travers vous simultanément à de nombreuses fréquences différentes.

- Quand vous vous souvenez de votre véritable nature, vous retrouvez la mémoire de votre complétude et vous êtes guéri.

Troisième partie

La pratique

Découvrir qui nous sommes

• 9 •

Qu'est-ce que le pouvoir et comment l'acquérir ?

Pou - voir [puv - WAR] *:*
La capacité de créer, de réaliser et d'agir avec efficacité.

Le pouvoir est la capacité à manifester tout ce que vous voulez, y compris toutes les réalités que vous puissiez vouloir connaître. Le véritable pouvoir vient de l'essence de l'infini qui est votre source ; il est issu de la source de tout pouvoir, de l'Être unique. Dans le vaste océan de la conscience infinie réside un pouvoir infini dont vous pouvez user à volonté. Vous n'utiliserez sans doute qu'une petite partie de tout ce pouvoir, mais il n'en reste pas moins à votre disposition.

Si vous parvenez à vous accrocher à l'essence de l'Être, au cœur même de votre être, et à vous ancrer dans sa sagesse infinie, vous jouirez d'un pouvoir réel. Quand vous prenez fermement appui sur la connaissance de votre moi véritable, vous comprenez la nature et la finalité de l'existence, ce qui génère un pouvoir immense. Un pouvoir de cette nature conduit au succès, à la réalisation personnelle et à une existence libre de toute souffrance.

Arrêtez-vous un instant pour prendre conscience de qui est en train de lire ce livre. Percevez-vous une présence ? Cette présence n'est pas votre mental ; c'est votre âme. Le mental se demande peut-être : *Qu'est-ce que je vais manger à midi ?* ou *Quelle heure est-il ?* Ce dialogue intérieur a lieu en présence de l'âme. Les pensées vont et viennent, les sentiments aussi. Les molécules du corps apparaissent et disparaissent. Mais toutes choses vont et viennent en présence de l'âme.

Cette présence, l'âme, se recycle à travers vos souvenirs, vos humeurs et même votre personnalité, car vous n'avez pas aujourd'hui la même personnalité qu'à l'âge de cinq ou de quinze ans. Et heureusement qu'elle a changé. Votre personnalité est une expression d'un univers en évolution ; elle ne cesse de changer, de croître, d'évoluer et de se transformer. Dans votre vie, tout est en transformation permanente, mais cela se fait en présence de l'âme qui est toujours là. Cette présence était là quand vous n'étiez qu'un nouveau-né, elle l'était aussi quand vous étiez un petit garçon ou une petite fille, comme elle était là quand vous étiez adolescent(e), ou en ce moment même. Et elle sera encore là demain, quand vous serez très âgé(e).

Qui vit toutes ces expériences ? Le vrai moi, ce moi que nous nommons *pure conscience, le champ d'intelligence, le moi intérieur, l'âme, l'esprit, la conscience infinie, l'Être en vous.* Tous ces termes sont utilisés ici comme des synonymes. Si vous entrez en contact avec cette présence, si vous devenez vraiment intime avec elle, puisque c'est votre propre moi intérieur, vous saurez alors de façon expérientielle, sans que personne ait à vous le dire, qu'elle était là avant même votre naissance et qu'elle sera toujours là après votre mort.

En Inde, nous avons un vieux proverbe au sujet de l'âme : « Le feu ne peut la brûler, ni l'eau la mouiller, ni le vent sécher, ni les armes la fendre. Elle est ancienne, non née, et ne mourra jamais. » L'âme est la source de toute la réalité, mais son domaine se situe au-delà de votre réalité quotidienne. Voilà pourquoi vous devez en avoir un vécu de première main pour rester en contact avec elle, pour connaître les qualités de votre moi *véritable*.

Comment peut-on découvrir le domaine de l'âme ? En passant du temps en silence, en faisant taire votre dialogue intérieur continu, afin d'accéder au calme atemporel et paisible de votre âme. Quand votre corps-esprit atteint le silence total, vous reconnaissez que vous n'êtes pas vos pensées, mais l'Être qui cultive ces pensées.

Progressivement, à mesure que vous passez du temps en silence, vous remarquerez que le décor va et vient, mais que l'observateur est toujours là. Vous réaliserez que vous n'êtes pas le décor ; vous êtes l'observateur, le témoin du décor. Sitôt que votre identification prendra pour objet l'observateur plutôt que le décor, tout commencera doucement à s'éveiller. Vous aurez un aperçu de l'âme et vous commencerez à connaître des états de conscience élargis : la conscience cosmique, la conscience divine et la conscience de l'unité.

En passant du temps en silence, vous prendrez conscience que quel que soit le décor, c'est vous qui le peignez. C'est toujours vous qui l'avez peint. Par le passé, vous le faisiez inconsciemment, de façon aléatoire et chaotique. Désormais, comme Michel-Ange ou Léonard de Vinci, vous créerez consciemment un chef-d'œuvre qui influencera votre destin et celui d'autrui.

Comme nous l'avons vu, quand vous désirez que quelque chose se manifeste dans votre vie, vous y consacrez toute votre attention. Donc, si vous voulez connaître la réalité de votre âme, prêtez lui attention. Ne soyez plus attentif au monde de l'intellect et de l'ego, mais établissez le contact avec votre âme. Communiez avec elle. Sentez-la. Le seul fait de rester en silence avec elle vous reliera à votre source. Et comment savoir si vous êtes relié à votre source ? Certains signes vous le diront. Et vous pourrez suivre vos progrès spirituels en leur prêtant attention.

Le premier signe attestant que vous êtes établi dans la source est l'absence de toute inquiétude. Vous ne vous souciez de rien. Quand on est connecté à la source, de quoi peut-on s'inquiéter ? Vous avez donc le cœur léger, vous êtes heureux. Les remarques d'autrui ne vous offensent plus, vous n'êtes plus obsédé que les choses se passent comme vous le voulez et vous n'offrez plus de résistance à ce qui est. Votre vie s'écoule avec une parfaite aisance, de façon spontanée, sans résistance à ce qui arrive autour de vous.

Le second signe que vous êtes établi dans la source est l'apparition de synchronicités et de coïncidences significatives. Pourquoi ? Parce que toutes deux sont des expressions du pouvoir organisateur infini de la conscience pure. L'orchestration des synchronicités et des coïncidences s'effectue dans ce lieu situé au-delà de l'espace, du temps et de la causalité, dans le domaine de l'âme connu comme étant *infinie corrélation*, où tout se produit en même temps. *Chronos* signifie « temps », et lorsque que tout est *synchronisé dans le temps*, quand tout coïncide, vous savez qu'il s'agit d'un message de votre âme.

Une *coïncidence* signifie que de nombreux incidents qui d'ordinaire ne surviennent pas ensemble sont effectivement arrivés simultanément ; c'est une conspiration d'événements improbables. Bien qu'une telle coïncidence puisse paraître accidentelle, en réalité il n'existe ni accident ni événement dû au hasard. Ce que nous appelons *un accident* ou *un événement aléatoire* est une corrélation non locale de l'esprit universel. C'est la conscience infinie qui orchestre le moindre événement, et chaque événement est une conspiration faite d'une infinité d'événements. Pour que la moindre chose se produise dans votre corps, dans votre esprit ou dans votre vie, il faut que l'univers tout entier y conspire.

Bien que nous puissions avoir du mal à le comprendre, la vérité est que l'univers est fait de synchronicités et de

• Qu'est-ce que le pouvoir et commen

coïncidences. Tout étant relié à tou
synchronisés à l'univers, nous vivons
Plus nous sommes reliés, plus le nc
synchronistiques ou simultanés qu
s'accroît.

En vertu de quoi, il ne faut jamais ignorer les coïncidences. Quand il en arrive une, demandez-vous : *Qu'est-ce que cela signifie ? Quel est le sens de cette coïncidence ?* Une coïncidence est un message de votre âme ; ce sont des indices qui nous relient au Moi non local. Le moi local est la personne que vous croyez être. Le Moi non local est l'esprit illimité. Les deux font partie de votre vécu, c'est pourquoi, à l'instant où une coïncidence survient, vous entrevoyez votre âme, le Moi non local. Quand vous avez une perception consciente de votre âme, tout ce qui arrive paraît miraculeux. Vous vous sentez heureux et votre vie se transforme. Vous voyez le lien existant entre votre monde intérieur et votre monde extérieur ; vous comprenez que le moindre événement de votre vie est orchestré par l'univers tout entier.

Quand vous prenez conscience de cela, votre esprit chancelle d'étonnement et de stupéfaction devant le miracle de l'esprit. Cet ébahissement éveille de la gratitude, laquelle provoque encore plus de miracles. Cela s fait accéder à un état de conscience plus élevé. Plus votre attention quitte le monde du trivial et du banal pour s'élever vers celui de la magie et du miracle, plus votre vie devient magique et miraculeuse. Votre attention a spontanément conscience que la vie elle-même est un miracle. Et plus vous êtes attentif aux miracles, plus vous devenez le créateur conscient de situations miraculeuses.

Enfin, le troisième signe indiquant que vous êtes établi dans la source, c'est la conviction d'être un créateur et non une victime. Vous réalisez que le monde est le miroir de vos pensées, de vos sentiments, de vos désirs et de vos interprétations. Vous savez que chaque situation, chaque relation, chaque événement que vous vivez est le reflet de quelque chose en vous. Quand une composante de votre monde vous déplaît, vous ne cherchez plus à la corriger à l'extérieur. Cela reviendrait à lustrer les feuilles d'une plante, plutôt qu'à en arroser les racines.

Si, dans votre existence, quelque chose vous rend malheureux, vous reconnaissez qu'il s'agit de l'une de vos propres créations. À défaut de quoi vous fonctionnez encore en mode victime : *Pauvre de moi. Je subis cela et je n'y peux rien.* Pourquoi attendre que le monde change, alors qu'en réalité, c'est vous qui le créez ? Quoi qu'il arrive, c'est vous qui le créez, alors posez-vous la question : *Que dois-je changer en moi-même afin qu'une telle chose ne se reproduise plus ?*

On ne peut résoudre aucun problème, sur Terre, au niveau où il arrive ; par contre, tous les problèmes peuvent être résolus au niveau de l'esprit. Vous allez donc au-delà du monde de l'illusion, du masque des apparences, jusqu'au monde invisible de l'esprit. Dans ce monde-là, vous trouvez le créateur du corps-esprit personnel et du corps-esprit cosmique. À ce niveau-là, vous ne vous débattez même plus avec le problème ; vous vous élevez au-dessus de lui. Et, ce faisant, vous créez une nouvelle solution.

Aucune circonstance ne peut troubler l'absence de limites que connaît celui qui découvre la conscience pure. Et la seule façon pour vous de la découvrir est de transcender la pensée et d'établir une communion silencieuse avec votre âme.

L'EXPÉRIENCE ET LA PRATIQUE DU POUVOIR

Passez du temps en communion silencieuse avec votre âme

Si vous me demandiez quelle est à mes yeux l'expérience la plus importante de ma vie, je vous répondrais que c'est celle qui consiste à me transcender vers un lieu de calme et de silence, deux fois par jour, tous les jours. Par la méditation, je vis cet état d'Être qui constitue l'état fondamental de mon corps-esprit, de ma vie. Donc, à mes yeux, c'est la chose la plus importante que l'on puisse faire pour s'élever vers un état de conscience supérieur.

En ce moment même, prenez une minute et fermez les yeux. Sitôt que vous les avez clos, des pensées surgissent spontanément, n'est-ce pas ? Si je vous demande de ne rien faire d'autre que de rester assis, les yeux fermés, votre principal motif de mécontentement sera vraisemblablement : « Il me vient trop de pensées ». C'est formidable, parce que la plupart des gens ne s'en plaignent même pas. Ils traduisent simplement leurs pensées en acte, sans même être conscients qu'ils ne sont pas leurs pensées. Donc, la première chose que vous apprend la méditation silencieuse, c'est que le « je suis » est le témoin de vos pensées.

Puis, tout en observant l'aisance avec laquelle vos pensées se manifestent, vous commencez à dire un mantra. Qu'est-ce qu'un mantra ? C'est un son ou une incantation non verbale que vous vous répétez indéfiniment dans la tête, sans bouger la langue ni les lèvres. Parmi les mantras les plus généraux, on trouve notamment « so-hum », « ah-hum » ou simplement « je suis ». En répétant ce mantra, vos pensées se mettent à interférer avec lui, tout comme lui interfère avec elles. Mais, si vous demeurez dans cet état de calme, il arrive parfois que les pensées et le mantra s'annulent mutuellement. C'est alors que vous vous glissez dans la faille silencieuse entre les pensées.

Dans cet espace qui les sépare, vous devenez le témoin, l'observateur. De là, vous pouvez observer vos pensées, vos sentiments, vos émotions et vos réactions. Comme témoin, vous observez sans jugements, sans définitions, sans descriptions, ni analyse, ni évaluation. Krishnamurti, le grand philosophe indien, disait que la plus grande forme d'intelligence humaine résidait dans la capacité à s'observer sans se juger.

Continuez d'observer et d'observer encore, jusqu'à ce que vous pénétriez dans le domaine de l'âme. Là, vous décelez la présence de l'esprit dans tout ce que vous voyez, entendez, sentez, goûtez ou touchez. À ce niveau-là, il n'existe qu'un seul témoin, qu'un seul Être, dont tout l'univers est le corps physique. Dans le domaine de l'âme, vos facultés de connaissance sont aiguisées et vous pouvez écouter aux portes de l'esprit cosmique. C'est là que les questions trouvent leur réponse et que les problèmes se règlent, parce que le monde de l'ego devient celui de l'esprit, un monde de pure potentialité et de possibilités infinies.

En passant du temps en communion silencieuse avec votre âme, vous apprendrez à connaître le Moi, le faiseur de la réalité. Il vous est impossible d'acquérir une telle connaissance dans les livres ou dans des universités ; elle ne peut vous venir que de l'intérieur et devenir ainsi vôtre. Quand cette connaissance vous appartiendra, vous serez libre de l'attachement, de l'avidité, de la répulsion, de la peur et de la fuite. Vous serez libéré à la fois du passé et du futur. Cette connaissance vous procurera le pouvoir, la liberté et la grâce.

Je vous encourage à prendre l'engagement de passer des moments dans le silence et la solitude, avec vous-même, de vous relier à la nature et d'y passer du temps, d'être heureux dans un cadre agréable. Prenez l'habitude de rester quelques instants en silence ou de méditer, tous les jours. La méditation silencieuse apaise le mental et vous permet de dépasser les sombres corridors et les greniers pleins de fantômes de la psyché, pour atteindre le monde de la transcendance. Grâce à elle, vous cultiverez la paix du silence intérieur.

Des études ont montré que lorsque les gens méditent, leur santé physique et émotionnelle subit une amélioration mesurable qui se traduit par une diminution de la pression artérielle, une plus grande résistance à la maladie, moins de stress en réaction aux situations difficiles, une meilleure efficacité professionnelle, une plus grande estime de soi et des relations plus fructueuses. Les gens qui méditent régulièrement depuis cinq ans ont un âge biologique de douze ans inférieur à leur âge chronologique. Mais la raison la plus importante qui doit vous poussez à méditer, c'est que cela vous relie à votre âme.

L'âme, c'est le plan de conscience dans lequel vous êtes à la fois personnel et universel. Lorsque vous vous reliez à votre âme, vous entrez en contact avec le champ d'intelligence qui orchestre l'activité infiniment variée de l'univers. Plus vous vous connectez à votre âme, plus vous devenez l'observateur attentif de vos pensées et de vos sentiments, de vos aspirations, de vos intentions et de vos désirs, et même des petites touches de changement qui se manifestent sous la forme de confort ou d'inconfort dans votre corps.

Dans ce réseau homogène d'intelligence où tout est relié à tout, même la plus infime perturbation d'une partie de ce champ affecte tout le tissu de l'existence. Si vous êtes sensible et attentif aux fluctuations de ce microcosme que vous représentez, vous serez plus conscient de la manière dont elles affectent le macrocosme qu'est l'univers. Grâce à cette attention, vous choisirez de vous mettre en phase avec les impulsions les plus évolutives de l'intelligence, qui se manifestent sous l'infinie diversité de l'univers.

L'*uni-vers* est une mélodie ou un chant, comme le mot le suggère : un vers. *Di-vers*[5] évoque plusieurs chants ou plusieurs vers différents de la même mélodie. Lorsque vous vous mettez en phase avec l'infinie *diversité* de l'*univers*, vos désirs personnels s'harmonisent avec ceux de l'esprit unique. Ils deviennent plus évolutifs, parce que l'es-

---

5. Pour mieux saisir la façon dont Chopra joue an anglais avec ce mot, on peut penser en français à « dix vers ». NDT

prit unique progresse dans le sens d'une évolution croissante. Est évolutif un désir qui procure simultanément satisfaction à tous ceux qu'ils affectent. Ce qui signifie que même si la réalisation de votre désir personnel va vous satisfaire à titre individuel, elle va également se répercuter en ondes successives à travers tout l'océan de la conscience universelle et profiter à tous ceux qui en seront affectés.

L'une des techniques qui permettent d'accéder au domaine de l'âme consiste à fermer les yeux et à méditer ou à rester en silence durant vingt minutes. Au bout de vingt minutes, ouvrez les yeux et invitez vos archétypes favoris, vos héros et héroïnes, à venir et à s'exprimer à travers vous. Vous avez peut-être un lien avec une grande figure religieuse, comme Bouddha, Jésus-Christ, la Vierge Marie ou Mohammed. Vous pouvez également vous mettre en contact avec vos ancêtres spirituels ou avec l'un ou l'autre des dieux et déesses de l'antiquité. Commencez par vous demander : *Qui sont mes modèles, mes héros et héroïnes dans l'histoire, dans la mythologie et les religions ? Qui m'inspire ? Ils représentent en moi les germes de la grandeur.*

Pendant le restant de la journée, soyez attentif aux sensations de votre corps et, chaque fois que vous êtes troublé ou contrarié, demandez à vos modèles de s'incarner en vous et de vous guider. Puis, avant de vous endormir, passez en revue votre journée et dites-vous : *C'est déjà un rêve. C'est passé.* Observez simplement ce qui s'est produit durant la journée. N'en faites pas l'analyse ni l'évaluation, ne portez aucun jugement. Soyez simplement le témoin de votre journée et dites : *C'est passé.* Puis, dites-vous : *Tout comme j'ai été témoin de ma journée, je serai témoin de mes rêves.* Le lendemain, quand vous vous réveillez, rappelez-vous vos rêves et dites simplement : *C'est passé.*

Le fait de passer du temps en silence et dans la solitude vous permet de vous échapper de la prison de l'intellect et de sortir de l'hypnose du conditionnement social. À mesure que vous calmez votre mental, vous pénétrez dans le royaume de la conscience pure. Celui-ci est infiniment silencieux et infiniment dynamique à la fois ; dans son essence, il est créativité pure. Dans la solitude et le silence, vous êtes en présence de l'Être unique, ce qui vous met en harmonie avec le cosmos.

Dans le silence et la solitude, vous ne vous sentez jamais seul, car le sentiment d'isolement provient d'une aliénation de tout, alors que vous vous sentez justement en lien avec toutes choses. Ce lien, ce sentiment de connexion, c'est cela être établi dans la source, et c'est la clé du pouvoir.

Soyez attentif aux qualités de la conscience pure

Une autre suggestion que j'aimerais vous faire, c'est de prêter attention aux qualités de la conscience pure et, durant une journée, d'en garder une présente à l'esprit. Quelles sont les qualités de la conscience pure ? Ce sont celles qui structurent l'infinie diversité de l'univers. Dans votre état de conscience le plus simple, ce sont également les vôtres. Parmi les qualités de la conscience pure, on peut citer la potentialité pure, les possibilités infinies, le silence infini, la connaissance pure, la liberté, la flexibilité, l'absence de limites, l'autosuffisance, la référence à soi, l'éveil total à soi, le dynamisme infini, la créativité infinie, la corrélation infinie, le pouvoir d'organisation infini, l'équilibre parfait, ce qui est évolutif, fertile, harmonisant, simple, merveilleux et invincible.

Tel jour, par exemple, vous pouvez garder comme qualité à l'esprit la liberté. Que signifie garder cette qualité en tête ? Cela veut dire que vous n'essayez pas d'analyser ou d'interpréter cette notion ; vous vous contentez de fixer votre attention sur elle, c'est tout. Laissez simplement la liberté vivre en vous et observez les changements qui surviennent dans votre vie. Soyez l'observateur silencieux, ce qui suffira à vous donner quelques aperçus de la façon dont elle opère. Progressivement, au fil du temps, cet exercice vous procurera spontanément l'expérience de la liberté.

Ensuite, un autre jour, choisissez une autre qualité et gardez-la aussi à l'esprit toute la journée. À mesure que vous fixez votre attention sur diverses qualités de la conscience pure, celles-ci provoqueront des changements spontanés dans votre physiologie et formeront votre réalité.

Ne cessez jamais de poser des questions

Si vous voulez une suggestion pour accéder au champ d'intelligence, alors chaque matin, avant d'entamer votre période de silence ou de méditation, prêtez attention à votre cœur et demandez-vous : *Qui suis-je ? Qu'est-ce que je veux ?* Posez-vous ces questions, puis écoutez. L'univers, en tant que champ de possibilités, est obligé de faire un choix, sitôt que vous lui posez des questions. Inutile de vous mettre en quête des réponses. Dès l'instant où vous faites vos demandes, elles commencent à se manifester. En posant ces deux questions, vous invitez donc le champ d'infinies possibilités à effectuer ces choix pour vous. Faites votre demande et il se passera quelque chose. Des indices répondant à vos questions se manifesteront dans votre vie. Vos réponses peuvent prendre la forme d'une idée, d'une inspiration, d'une rencontre fortuite, d'un élan créatif soudain. Elles peuvent encore se manifester par une synchronicité ou une coïncidence, à travers une relation, une situation, une circonstance ou un événement.

Parmi les autres questions que vous pouvez vous poser, il y a aussi : Quel est mon but dans la vie ? De quelle manière puis-je apporter ma contribution à ma famille, à la société, au monde ? Quels sont mes talents spécifiques et comment puis-je les mettre au service de l'humanité ? Qu'est-ce qui provoque en moi de la joie et des expériences ineffables ? Quelles sont les qualités que je recherche chez mes amis ? Et quelles sont celles que je désire exprimer dans mes relations ?

Continuez de poser des questions, puis laissez les réponses incuber. Cette période d'incubation laisse le temps à l'ordinateur cosmique, à l'essence de la conscience infinie et de la corrélation infinie, de calculer un nombre infini de détails liés à la complexité de la situation et de vous fournir la bonne réponse.

En posant des questions, vous vous mettrez à explorer les nombreux domaines de votre existence. Et à qui adressez-vous ces questions ? À votre propre moi intérieur. Le poète Rûmî dit : « Tout l'univers existe en vous ; c'est à vous-même qu'il faut tout demander. » L'accomplissement de vos désirs et les réponses à vos questions proviennent de la créativité de votre âme ; il n'existe rien qui ne puisse être résolu en laissant votre âme y trouver une solution créative.

N'arrêtez jamais de poser des questions. Ne cherchez pas les réponses, mais posez vos questions. Demandez et vous recevrez. Le pouvoir qui sommeille en nous ne s'éveille pas avant que nous n'y fassions appel.

Points-clés

Pour expérimenter et mettre en pratique le pouvoir :

- Passez du temps en communion silencieuse avec votre âme.

- Prêtez attention aux qualités de la conscience pure.

- N'arrêtez jamais de poser des questions.

• 10 •

Qu'est-ce que la liberté et comment la vivre ?

Li – ber – té [li - bɛʀ - te] *:*
Le pouvoir de penser ou d'agir sans restriction ;
la capacité d'exercer un choix.

L'un des aspects les plus fondamentaux de l'existence est la notion de liberté, et donc celle d'asservissement. Au final, notre objectif est de connaître la liberté, mais si nous voulons comprendre ce qu'elle est, il nous faut au préalable bien saisir ce qu'est l'esclavage. Que signifie être affranchi et que veut dire être asservi ?

Être esclave, c'est être prisonnier de telle ou telle possibilité, avoir perdu la capacité de choisir parmi un éventail infini de réactions. De quoi est-on l'esclave ? Toujours de ses propres limites, de ses croyances et de ses réactions conditionnées. Nos limites et nos croyances ne sont rien d'autre que des idées ou des concepts auxquels nous adhérons et que nous acceptons comme des vérités. Et quand ils sont aussi rigides et inflexibles que du béton, on ne parvient plus à voir au-delà. Ils sont alors les murs de la prison que nous avons édifiée par inadvertance autour de nous-mêmes.

Vous vous enveloppez dans vos pensées comme l'araignée tisse son cocon autour d'une mouche. Vous êtes à la fois l'araignée et la mouche, et vous vous faites prendre à votre propre toile. Toute votre vie présente et toutes vos incarnations passées se trouvent en vous sous la forme d'empreintes ou de structures énergétiques que peuvent activer certains mots, certaines rencontres ou relations. Vous êtes conditionné à interpréter votre vécu d'une certaine manière, ce qui détermine votre façon d'y réagir. Donc, quelle que soit la forme d'asservissement que vous connaissiez, il s'agit en fait de la prison de votre propre conditionnement.

La plupart des gens vivent toute leur vie en esclavage. Ce sont des paquets de nerfs et de réactions stéréotypées, chez qui les autres et les événements extérieurs provoquent des comportements totalement prévisibles. Pour se libérer de l'esclavage, il faut donc briser la chaîne de ses réactions conditionnées ; il faut aller au-delà de ses limites et découvrir l'illimité.

Qu'est-ce que la liberté ? C'est la connaissance expérientielle de notre véritable nature, qui est déjà libre. C'est découvrir que notre essence véritable est le champ joyeux de la conscience infinie qui anime toute la création. Découvrir ce témoin silencieux, c'est être, tout simplement. Alors, nous sommes libres. Dans cet état de liberté, nous réalisons que la vie est la coexistence significative de toutes les valeurs opposées. On peut connaître le bonheur ou la souffrance et la douleur, mais on ne s'attache pas plus au plaisir qu'on ne cherche à fuir, par peur de la douleur. Une fois libres, nous n'avons même plus peur de la mort, puisque la croyance que nous sommes mortels n'est qu'un sort que nous nous sommes jeté à nous-mêmes.

Derrière le masque de la mortalité se trouve le champ de l'immortalité. Votre moi véritable est immortel ; il est au-delà de la naissance et de la mort. Votre moi réel n'est pas votre ego limité par le temps ; il est votre esprit atemporel. Une fois que vous savez cela, que vous vous identifiez à votre esprit, vous êtes libre de toute limitation, y compris de celle selon laquelle vous seriez une personne enfermée dans un corps, l'espace d'une vie. Vous êtes la source du corps comme de l'esprit, et vous n'êtes pas affecté par ce monde de changements, parce que vous savez que vous êtes l'essence immuable de la conscience pure elle-même.

Ce qui est soumis au temps va et vient ; ce qui est atemporel reste toujours présent. Ce qui est soumis au temps est connu ; l'atemporel est l'inconnu, toujours neuf. Par attachement au temps, nous avons projeté une réalité faite de séparation et de souffrance. Nous vivrons un cauchemar collectif, une hallucination collective, aussi longtemps que nous resterons esclaves et prisonniers de nos propres projections. Le passé et le futur relèvent de l'imagination ; la réalité n'existe que dans l'instant. La souffrance est imaginaire ; la liberté réside dans le moment présent. Au-delà de tous les obstacles à la liberté se trouve un monde libre de toute projection ; c'est l'univers de la conscience infinie. Et ce monde demeure dans l'instant éternel.

À aucun moment votre vie n'a été autre chose que l'instant présent. À aucun moment non plus, elle ne sera autre chose que l'instant présent. Il est impossible de s'occuper de ce qui n'existe pas dans le moment même. Vivez donc dans l'instant présent, en y fixant toute votre attention. Demeurez dans le moment présent et vous résiderez dans ce qui est éternel, atemporel, sans âge et à jamais nouveau.

L'univers se découvre lui-même depuis un nombre infini de points de vue, en ce moment précis. L'un de ces points de vue, c'est vous, à l'instant même. Vous êtes infini, illimité ; vous n'êtes nulle part en particulier, et partout à la fois[6]. Quand vous vivez dans l'*ici* et *maintenant*, vous réalisez que votre moi véritable réside dans le moment éternel, atemporel. Vous ne désirez donc plus vivre dans les souvenirs du passé ni les projections futures. Vous souhaitez vivre dans le moment présent, où il vous est possible d'exercer votre pouvoir et votre liberté de choix.

Vivre dans la liberté n'a d'autre finalité que de nous permettre de jouir des choix que nous effectuons à chaque moment successif du présent. Les gens me demandent : « Le monde est-il régi par le libre arbitre ou par le déterminisme ? » La réponse, c'est les deux à la fois. Si vous êtes conscient, si vous avez dépassé vos conditionnements, alors vous avez le libre arbitre et vous vivez dans la liberté. Mais si vous êtes inconscient et conditionné,

6. En anglais, Chopra fait un jeu de mots intraduisible sur « nowhere » (nulle part) qui devient « now here », ici et maintenant. NDT

vous n'êtes pas libre et votre monde est régi par le déterminisme.

C'est dans le présent que s'effectuent les choix et les interprétations. Ceux que vous effectuez en ce moment créent les événements extérieurs que vous vivez à l'instant. Et comme le monde « extérieur » est le miroir de votre monde « intérieur », vos choix et vos interprétations ne cessent de se cocréer et de se perpétuer mutuellement. Rappelez-vous que vous n'êtes ni vos choix, ni vos interprétations, mais la source des uns comme des autres. La clé, en conséquence, est l'observation silencieuse. Devenez conscient de vos choix et de vos interprétations, et vous commencerez à goûter à la liberté de choix.

Le témoin silencieux est l'attention elle-même. L'attention, quand elle est attentive à elle-même, est présence, sagesse profonde et paix. En conséquence, la clé de la liberté est de vivre dans une conscience qui se réfère à elle-même, ce qui signifie s'identifier à son moi intérieur plutôt qu'à son image de soi. Au cœur de cette liberté réside la capacité à fixer spontanément son attention sur les choix qui procurent de la joie, non seulement à vous-même, mais aussi aux autres.

L'EXPÉRIENCE ET LA PRATIQUE DE LA LIBERTÉ

Exercez-vous à l'attention à l'instant présent, centrée sur la vie

Sortez de la prison d'une attention soumise au temps et pénétrez dans le monde de l'atemporel et de la liberté. La prison de l'attention soumise au temps est un monde de séparation et de souffrance. L'univers de l'atemporel est un monde de pure conscience, où chaque instant est libre. Il est libre, parce que tous vos soucis résident dans le passé ou dans le futur, ce qui signifie qu'ils n'existent que dans votre imagination.

Quand une situation vous perturbe, demandez-vous : *Qu'est-ce qui ne va pas, en ce moment même ?* Si vous le faites, vous constaterez qu'il n'existe aucun problème dans l'instant présent. Séparez la situation difficile du moment, car elle passera, tandis que le moment perdurera. Une situation se transforme toujours, tandis que chaque moment reste parfait et inchangé.

Maintenez votre attention dans le moment présent. Ce moment est le *seul* où vous ayez le pouvoir d'agir.

Vous ne pouvez pas passer à l'action dans le passé ni dans le futur. Aussi, chaque fois que vous ne pouvez vous empêcher de penser au passé ou au futur, vous vous sentez impuissant. La vie se déroule en cet instant. Vivez donc en ce moment. Agissez en ce moment. Déterminez vos intentions en ce moment. Détachez-vous de vos soucis en cet instant. Restez dans l'instant présent. Voilà ce qu'est l'attention à l'instant présent, centrée sur la vie.

Vous pouvez faire du moment présent un acte de beauté et de perfection en vous exerçant à l'attention à l'instant présent, centrée sur la vie. Le moment présent est la porte de l'éternité, et sitôt que vous vivez dans l'instant présent, vous ouvrez cette porte qui donne accès à la source. Celle-ci ne vous a jamais quitté, mais vous pouvez la négliger au profit de vos souvenirs passés et de vos projections futures. Quand votre attention est fixée dans l'instant présent, quand vous êtes attentif à ce qui est, vous constatez que chaque moment est plénitude. C'est à votre portée en ce moment même, car le seul temps dont vous disposiez est ce moment même.

Le moment qui ne finit jamais, c'est maintenant. Quand le passé s'est produit, c'était maintenant. Quand le futur arrivera, ce sera maintenant. Le présent est le seul moment qui ne finit jamais, car il est atemporel et incommensurable. Le présent, c'est le moment où la conscience infinie est tout ce qui fut, tout ce qui est et tout ce qui sera.

Ce qui est : c'est cela l'activité de tout l'univers, en ce moment même. Pour que le moindre événement ait lieu, il faut que tout l'univers fonctionne comme il le fait. Chaque événement est une conspiration de l'univers tout entier, de sorte que si vous résistez au moment présent, vous résistez à tout l'univers. Rappelez-vous que ce ne sont pas les situations difficiles qui engendrent de la souffrance, mais la résistance à ce qui est. Quand vous éprouvez de la résistance, votre inconscient perçoit la situation comme étant intolérable. Toutefois, cette résistance ne fait que perpétuer ladite situation, puisque votre attention est fixée sur le problème.

Même quand une situation est déplaisante, séparez-la du moment présent et abandonnez-vous à celui-ci. S'abandonner à l'instant, c'est se fondre dans le flot de la vie. La situation qui caractérise ce moment est peut-être insupportable, mais il n'en reste pas moins parfait. En vous y abandonnant et en accomplissant ce que la situation exige, vous vous établissez dans l'Être, tout en passant à l'action. C'est cela, être *dans* le monde mais pas *de* ce monde.

Quand vous vous abandonnez à l'instant, vous fonctionnez au niveau de l'âme. Ce faisant, vous agissez de façon adéquate dans le moment présent. Votre action n'est pas déterminée de façon obsessionnelle par le souvenir de quelque ressentiment ni par la peur d'avoir tort. Quand vous agissez depuis le plan de l'âme, vous vous comportez en véritable guerrier spirituel, sans colère, sans accents moralisateurs, sans ressentiment ni reproches.

Apprenez à être un témoin silencieux et détaché, d'instant en instant, et vous agirez spontanément comme il faut, au bon moment et avec finesse. Une telle action est libre de tout esclavage et n'engendre aucune souffrance. La situation changera, d'instant en instant ; telle est la volonté de l'Être unique. Mais si vous vous abandonnez au moment présent, votre volonté s'alignera sur la sienne. Vous agirez alors sans attentes, mais en ayant cependant semé l'intention du résultat voulu. Une telle intention, semée sans attentes ni attachement, orchestre sa propre réalisation. Il en est ainsi parce que le pouvoir de tout l'univers soutient cette intention, en ce moment. L'univers ne fonctionne que dans l'éternel présent. En conséquence, si vous agissez en pleine conscience dans l'instant présent, vous suivez l'impulsion évolutive de l'univers. Vous faites ce qui doit être fait dans l'instant, de façon impeccable, et vous en abandonnez le résultat à l'inconnu.

Chaque fois que vous éprouvez de la résistance, contentez-vous de l'observer ; puis remettez-vous-en à ce qui est. S'il vous est impossible d'accepter une situation difficile, alors abandonnez-vous à votre douleur et à votre souffrance. Observez-les. Ne pensez pas à cette douleur : ressentez-la. La source est plénitude. Elle souhaite vous guérir et vous soulager de votre douleur, non pas en effaçant vos souvenirs pénibles, mais en vous établissant totalement dans le présent où le passé n'existe pas. Si vous parvenez à être totalement centré sur la vie, dans l'instant présent, vous êtes libre.

Une technique qui peut vous aider à vivre chaque instant en conscience, avec légèreté et facilité, c'est d'observer votre respiration. Vous ne respirez ni dans le passé ni dans le futur : seulement dans l'instant présent. À chacune de vos inspirations, la conscience infinie pénètre en vous. Et à chacune de vos expirations, c'est vous qui allez en elle. Et dans l'espace qui sépare l'inspiration de l'expiration, vous demeurez dans la conscience infinie. En réalité, il n'y a ni aller ni retour ; vous résidez éternellement dans ce flux.

Observez simplement votre respiration et exercez-vous à l'attention à l'instant présent, centrée sur la vie. Si vous y parvenez, vous accéderez à un plan de conscience où votre attention sera fixée sur ce qui est, où vous percevrez la présence de l'esprit et la plénitude de chaque moment.

L'univers entier émerge du néant en tourbillonnant, maintenant. Derrière tout le bruit et toute l'activité de votre existence règnent le silence et le calme, maintenant. Le pouvoir de la conscience pure est présent, maintenant. La liberté de l'esprit illimité et atemporel est présente, maintenant. La grâce de la beauté simple et naturelle de la vie est présente, maintenant.Le poète Rûmî dit : « Le voile du passé et celui du futur dissimulent Dieu à notre vue ; brûlez-les tous deux à la flamme de la présence. » Dieu est présent en ce moment, et le temps est la seule chose qui Lui fasse obstacle.

Observez vos comportements addictifs sans jugement

Le comportement humain n'est en grande partie rien d'autre que l'évitement de la douleur et la recherche du plaisir. Chaque fois que nous vivons un événement, qu'il s'agisse d'un rendez-vous chez le dentiste ou d'un tour de manège à une fête foraine, notre conscience enregistre intérieurement cette expérience sur un spectre qui va du plaisir le plus sublime, d'un côté, à la souffrance la plus intense, de l'autre. Une fois que l'événement est terminé, le souvenir qu'on en garde est catalogué soit parmi nos plaisirs soit au nombre de nos souffrances, et il continue d'exister dans le corps-esprit.

La mémoire est utile, car elle nous procure un sentiment de continuité. Mais c'est aussi une prison, parce qu'elle nous conditionne de façon prévisible. Le Seigneur Shiva, qui était un grand yogi, a dit : « Je me sers de mes souvenirs, mais je ne leur permets pas de se servir de moi. » On est bien obligé d'utiliser ses souvenirs, sans quoi on ne retrouverait pas son chemin jusque chez soi. Quand on se sert de sa mémoire, on est créateur. Mais quand notre mémoire se sert de nous, on en devient la victime.

Votre esprit vous invite à vous échapper de la prison de la mémoire et des réactions conditionnées, pour connaître la liberté. Et la prochaine étape, dans ce cheminement vers la liberté, est d'observer vos comportements addictifs, sans les juger. L'addiction[7] est la maladie

7. Rappelons que ce terme, venu de l'anglais, et désormais courant en français, est synonyme de « dépendance » ou de « toxicomanie ». NDT

numéro un de la civilisation. Elle est directement ou indirectement liée à toutes les autres pathologies. En dehors des addictions physiques telles que la dépendance à la nourriture, au tabac, à l'alcool et aux drogues, il existe des addictions psychologiques : au travail, à la sexualité, à la télévision, au shopping, au besoin de paraître jeune, à celui de contrôler autrui, à la souffrance, à l'anxiété, à la dramatisation, à la perfection.

Pourquoi sommes-nous « accro » à toutes ces choses ? Parce que nous ne sommes pas établis dans la source ; nous avons perdu notre lien avec l'âme. Le recours à la nourriture, à l'alcool ou aux drogues est essentiellement une réponse matérielle à un besoin qui n'est pas vraiment physique, à la base. Se soûler, par exemple, c'est en réalité se défaire de sa mémoire personnelle pour connaître la joie du non personnel, de l'universel. C'est la joie pure que l'on recherche, et non une simple sensation ni l'oubli de toute sensation. Un comportement autodestructeur est une soif spirituelle non reconnue comme telle. Toutes les formes de dépendance sont en réalité une quête qui vise l'exultation de l'esprit, l'expansion de la conscience, jusqu'à être enivré d'amour, lequel est conscience pure.

Maintes et maintes fois, des gens ont tenté de surmonter leurs addictions en recourant à des méthodes psychologiques ou comportementales, ou encore à des médicaments. Aucun de ces moyens n'offre de guérison permanente. Le seul remède à l'addiction est d'ordre spirituel. Nous avons soif d'expériences extatiques, car elles figurent au nombre de nos besoins fondamentaux, au même titre que l'eau, la nourriture ou un abri. *Extase*, ou *ekstasis*, signifie littéralement « sortir de ». La véritable extase nous arrache à l'esclavage de l'univers matérialiste, limité par le temps et l'espace. Nous aspirons de tout notre être à échapper aux limitations du corps. Nous désirons être libres de la peur et de toutes limites. Nous souhaitons oublier notre ego et jouir de notre Être infini.

Dès aujourd'hui, commencez à transcender vos comportements addictifs en les observant sans jugement. Réveillez-vous chaque matin avec une prière : « Merci, mon Dieu, de m'avoir fait tel que je suis », puis observez-vous. Soyez le témoin de vos pensées, de vos humeurs, de vos réactions et de vos comportements. Ils représentent vos souvenirs du passé et en les observant dans le présent, vous vous libérez du passé, vous devenez conscient de vos conditionnements. Ce faisant, vous vous en affranchissez, parce que vous n'êtes pas vos conditionnements, mais bien celui qui les observe.

Observez le silence qui sépare vos pensées, vos actions, vos réactions, et vous percevrez la présence de l'esprit dans la quiétude de ces espaces. Par la simple observation de vous-même, vous commencerez votre processus de guérison et de transformation. Et si vous continuez à vous entraîner à devenir toujours plus conscient de votre moi dans l'instant, vous verrez votre sagacité, votre intuition, votre imagination et votre intention se mettre à fleurir.

Des gens me demandent : « Si l'univers est aussi élégamment organisé que vous le dites, et si nous naissons avec un tel potentiel, une telle créativité, comment se fait-il que nous soyons si ignorants ? » Eh bien, si nous étions déjà illuminés, nous n'aurions plus rien à faire. Il s'agit d'un processus. Si vous succombez par moments à vos comportements addictifs, comprenez bien que cela fait aussi partie de ce processus. Vous chuterez peut-être plusieurs fois, mais vous pouvez toujours vous relever et reprendre votre parcours.

Aussi hystérique que votre environnement puisse parfois vous paraître, restez alerte et mesuré dans votre attention permanente à l'instant présent. Prenez la résolution de ne pas vous laisser entraîner dans les drames qui vous entourent. Rappelez-vous ceci : *Je ne suis supérieur ou inférieur à personne. Que je sois un saint ou un pécheur, l'esprit qui réside en moi est l'esprit divin. Il a adopté un certain rôle dans cette existence ; il en a tenu d'autres, dans d'autres vies. J'honore l'esprit divin en moi-même et chez tous les êtres, car il est saint et sacré, peu importe le rôle qu'il joue.*

Aucun d'entre nous n'est le rôle qu'il joue. Fort de cette vérité, il est plus facile de pardonner toutes les transgressions que l'on observe. On ne se sent plus obligé d'étiqueter, d'évaluer, d'analyser et de juger, ni soi-même, ni les autres. Libéré de ce besoin d'étiqueter ou de juger, il est plus facile de renoncer au désir de contrôler ou de manipuler autrui.

En apprenant à connaître la nature de la réalité, il est possible de dépasser sa souffrance. Ce faisant, vous aidez les autres à surmonter la leur. En poursuivant votre propre cheminement de guérison, vous aidez autrui à guérir. Et vous pouvez commencer votre guérison en observant vos comportements addictifs, sans les juger. Une fois que vous aurez trouvé votre vrai moi, une fois que vous serez complet, la seule ivresse que vous connaîtrez encore sera l'enivrement de la conscience pure, de l'Être pur.

Transcendez votre peur de l'inconnu

Au sein même de chaque instant se trouve un point de jonction entre l'inconnu et le connu. C'est dans ce point de jonction que l'inconnu devient le connu. Qu'est-ce que le connu ? C'est tout ce qui s'est déjà passé. Sitôt que vous dites « connu », c'est dans le passé ; c'est déjà arrivé. Le connu est un souvenir. Et qu'est-ce que l'inconnu ? C'est le champ de tous les possibles, à chaque moment successif du présent. L'inconnu est ce qui est illimité et libre. Vous vivez dans l'inconnu, en ce moment même, et tout ce qui suivra cet instant est aussi l'inconnu. En fait, vous vivez, vous respirez et fonctionnez dans l'inconnu en permanence, tout en prétendant que c'est le connu. Et en vous attachant à cette prétention, à cette illusion, vous perdez contact avec le réel et vous vous mettez à craindre ce qui est éphémère et irréel, y compris la mort.

La plupart des gens ont peur de l'inconnu, alors qu'ils devraient craindre le connu. Vivre dans le connu, c'est vivre dans la prison du passé et donc dans l'imaginaire. Le connu est une illusion. La vraie réalité est inconnue, alors pourquoi ne pas vivre dans ce qui est véritablement vrai ? Quand on se lance dans l'inconnu, on est libre du passé. Quand on s'ouvre à l'inconnu, on est libre de toute limitation, parce que des choix nouveaux se présentent à nous à chaque instant de l'existence.

La conscience pure est infiniment souple et illimitée ; c'est la nature de l'Être. La pensée conditionnée est rigide ; elle est limitée par notre attachement à certaines idées, à certaines notions et croyances. La liberté, c'est l'expérience de l'illimité. Quand vous êtes véritablement libre, vous faites preuve d'une souplesse infinie, quelle que soit la situation. Cette souplesse vous confère une stabilité intérieure qu'aucune autre expérience ne peut éclipser.

La liberté implique la capacité d'accepter, de laisser venir ce qui vient et de laisser partir ce qui part. Elle implique aussi de se libérer du connu et d'être prêt à sauter dans l'inconnu, en toute confiance, à chaque moment de sa vie. Quant à la mort : n'y pensez pas, ne la craignez pas, mais mourrez à chaque instant. Lorsque saint Paul disait : « Mourez à la mort », il signifiait que nous devons mourir au passé, à chaque instant. Plongez-vous dans ce qui se passe maintenant et vous mourez à la fois au passé et au futur. Si vous y parvenez en ce moment même, vous pouvez même vaincre la peur de la mort.

Ne laissez pas des peurs futures imaginaires influencer le présent. Et ne permettez pas non plus aux souvenirs du passé de le corrompre. Soyez neuf. Dans chaque enfant qui naît, l'univers se contemple lui-même avec des yeux neufs. Lorsque vous portez sur le monde un regard tout nouveau, vous mourez au connu. Si vous parvenez à sortir de la rivière de la mémoire et du conditionnement, et à voir le monde comme si c'était la première fois, vous pouvez créer un monde neuf à l'instant même.

L'instant présent est un moment de pouvoir où l'univers se recrée. Plonger dans ce moment, c'est se lancer dans l'inconnu en voie de devenir le connu. L'inconnu, c'est la sensation toujours nouvelle d'avoir d'infinies possibilités. C'est l'Être qui devient, se transforme et évolue. Chaque instant que vous vivez regorge de possibilités.

Une fois que vous aurez brisé les chaînes qui vous maintiennent en esclavage, vous pourrez imprimer votre réalité à chaque événement de votre vie. Dans cet état de liberté, vous n'êtes plus soumis à la tyrannie d'un passé imaginaire ou à la peur d'un futur anticipé ; vous connaissez la vérité, la beauté, la bonté et l'harmonie.

Le poète Rûmî dit : « Nous goûtons à l'éternité, en cet instant. » Transcendez votre peur de l'inconnu en fixant votre attention dans l'instant présent. Goûtez un moment d'éternité en cet instant précis et vous aurez un avant-goût de l'expérience de la liberté.

Points-clés

Expérimenter et pratiquer la liberté :

- Exercez-vous à l'attention à l'instant présent, centrée sur la vie.
- Observez vos comportements addictifs, sans jugement.
- Transcendez votre peur de l'inconnu.

• 11 •

Qu'est-ce que la grâce et comment la vivre ?

Grâce [gʀɑs] *:*
le flot naturel de l'existence ; l'amour et les faveurs
qui nous sont librement accordés.

La grâce est le flot naturel de l'existence qui se manifeste sitôt que vous vivez en harmonie avec la vie, quand les rythmes de votre corps-esprit sont synchronisés avec ceux de la nature. Vivre en état de grâce, c'est connaître un état de conscience où tout est fluide et où tous vos désirs se réalisent facilement. La grâce est magique, synchronistique et joyeuse. C'est un facteur de chance. Alors, comment vivre dans la grâce ? C'est simple. Laissez simplement l'univers s'écouler à travers vous, sans interférence.

Dans ce brin d'ADN qui a créé votre corps figure l'intelligence qui vous dit que vous êtes un être ancien. Cette intelligence est dotée d'un pouvoir organisateur infini, puisque c'est la même intelligence qui orchestre le mouvement du cosmos. Cent mille milliards de cellules communiquent instantanément les unes avec les autres, à chaque instant. Ces cent mille milliards de cellules sont issue d'une seule cellule vivante, produite par l'information de deux cellules qui n'ont eu à se multiplier que cinquante fois pour créer toutes celles de votre corps.

Vous êtes un miracle de l'évolution, un organisme biologique délicat et fragile, et cependant tenace, puisque vous avez survécu à une éternité de cycles cosmiques. Vous êtes ce que vous êtes, parce que l'univers est ce qu'il est. Et l'univers est ce qu'il est, parce que vous êtes ce que vous êtes. Le corps que vous habitez peut vous sembler être votre propriété personnelle, mais en réalité, il appartient à l'univers.

Dans votre ADN est codée l'expérience de vos ancêtres, tant humains qu'animaux. Il contient la connaissance qui vous a permis, en tant qu'amphibien, d'apprendre à voler et à devenir un oiseau, puis, en tant que primate, d'apprendre à élaborer le langage, l'art et la science, afin de devenir humain. Votre corps se recycle, conservant une partie de l'ancien à chaque naissance, pour que la connaissance encodée dans la sagesse de l'univers ne se perde jamais. Conjointement, il vous procure un point de vue neuf, afin que vous puissiez vous appuyer sur l'ancien tout en ayant l'occasion d'être créatif.

D'instant en instant, votre corps sculpte un paysage neuronal qui enregistre chaque expérience de votre vie. En ce moment même, le potentiel créatif que vous manifestez dans vos réseaux neuronaux convertit de la mémoire et une finalité en une réaction biologique. À chaque respiration que vous prenez, l'univers renaît à neuf. Il se contemple avec des yeux neufs, d'un point de vue nouveau, et avec un sentiment d'émerveillement renouvelé.

Sachant cela, traitez votre corps avec respect et prenez soin de lui. Témoignez-lui une attention tout empreinte d'amour. Nourrissez-le d'aliments sains et d'eau fraîche. Offrez-lui la fraîcheur de la terre et les couleurs de l'arc-en-ciel dont elle pare ses fruits et légumes. Buvez abondamment des eaux de la Terre, afin d'ouvrir en vous les lignes de communication et d'intelligence qui parcourent vos tissus et vos vaisseaux sanguins. Respirez profondément, pour que vos poumons se gonflent d'air.

Prenez l'engagement d'épargner toutes toxines à votre corps, qu'elles soient physiques ou émotionnelles. Ne le contaminez pas avec des boissons et des aliments morts, avec des produits chimiques toxiques, avec des relations ou des émotions toxiques, telles que la colère, la peur et la culpabilité. Veillez à ne cultiver que de saines relations et à ne pas nourrir de ressentiments ou de rancunes. La santé de chacune de vos cellules contribue directement à votre bien-être, puisque chaque cellule est un point de conscience au sein de ce champ de conscience que vous représentez.

Que votre corps danse avec l'univers ! Libérez-vous de toute tension et de toute restriction dans la conscience, afin que votre corps se détende et se fonde dans le rythme de l'univers. Bougez votre corps, faites de l'exercice, maintenez-le en mouvement. Plus vous dansez avec l'univers, plus vous connaîtrez la joie, la vitalité, l'énergie, la créativité, la synchronicité et l'harmonie. Et quand votre corps demande à se reposer et à se régénérer, écoutez-le.

Rabindranath Tagore résume le miracle de la vie d'une manière infiniment plus belle que la science ne saurait le faire. Il dit : « Le même fleuve de vie qui court à travers mes veines nuit et jour court à travers le monde et danse en pulsations rythmées. C'est cette même vie qui pousse à travers la poudre de la terre sa joie en innombrables brins d'herbe, et éclate en fougueuses vagues de feuilles et de fleurs. C'est cette même vie que balancent flux et reflux dans l'océan-berceau de la naissance et de la mort. Je sens mes membres glorifiés au toucher de cette vie universelle. Et je m'enorgueillis, car le grand battement de la vie des âges, c'est dans mon sang qu'il danse en ce moment.[8] »

Les océans et les rivières de la biosphère sont l'élément vital qui circule dans votre cœur et à travers votre corps. L'air est le souffle sacré de la vie qui alimente en énergie chacune des cellules de votre corps, afin qu'il vive, respire et participe à la danse du cosmos. Pouvoir sentir « le grand battement de la vie des âges » danser dans son sang, en ce moment, c'est connaître la joie et se sentir relié au cosmos. Cette expérience nous guérit ; c'est se découvrir entier, complet. Or être complet, c'est vivre en état de grâce.

8. *L'offrande lyrique*, R. Tagore, traduction française d'André Gide.

L'EXPÉRIENCE ET LA PRATIQUE DE LA GRÂCE

Mettez-vous à l'écoute de la sagesse de votre corps

Êtes-vous capable de sentir le grand battement de la vie des âges danser dans chaque cellule de votre corps ? Parvenez-vous à prendre conscience que vous êtes la terre, l'eau, le feu, l'air et le vide cosmique, et à en avoir la conviction profonde ? Vous est-il possible de ressentir et de savoir cela au plus profond de vous-même ? Dans ce cas, écoutez la sagesse de votre corps.

Votre corps ne cesse de vous parler en vous adressant des signaux de confort ou d'inconfort, de plaisir ou de douleur, d'attraction ou de répulsion. Lorsque vous vous mettez à l'écoute des subtiles nuances sensorielles de votre corps, vous accédez à votre intelligence intuitive. Cette intelligence-là est contextuelle, relationnelle, attentionnée, holistique et sage.

L'intelligence intuitive est plus fine et plus précise que tout ce qu'on peut trouver au niveau de la pensée rationnelle. Une intuition n'est pas une pensée ; c'est le champ d'information cosmique non local qui vous murmure des choses durant le silence qui sépare vos pensées. Voilà pourquoi quand vous écoutez l'intelligence intérieure du corps, le génie suprême, vous écoutez aux portes de l'univers et vous obtenez des informations auxquelles la plupart des gens n'ont pas accès.

La science a montré que les cellules du corps sont des hologrammes de l'univers, ce qui signifie que toute l'information accessible dans l'univers tout entier est encodée dans la structure de chaque cellule. Chacune des parties d'un hologramme contient l'information du tout, c'est pour cela qu'on appelle cela un *hologramme* (du grec *holos* qui veut dire tout). L'intuition n'est rien d'autre qu'une conscience particulièrement aiguisée qui nous familiarise avec les champs d'information de notre corps. Cette information est encodée de façon holographique dans chacune des cellules du corps. Et pour peu que vous ayez accès à un peu plus d'information, vous devenez ce qu'on appelle quelqu'un d'intuitif, d'après les normes habituelles.

Soyez à l'écoute de la sagesse de votre corps. Montrez-vous attentif à ses sensations et vous connaîtrez tout le cosmos, puisqu'il se manifeste en vous sous cette forme. En réalité, ces sensations sont la voix de l'esprit qui s'adresse à vous au niveau sensoriel le plus subtil. Si vous offrez à votre corps une écoute très attentive, vous entendrez la voix de l'esprit, parce que votre corps est un ordinateur biologique en lien permanent avec la psyché cosmique. Les capacités de calcul de votre corps lui permettent de prendre instantanément en compte le nombre infini de détails qui concourent au moindre événement de votre vie. Il est orienté « gagnant-gagnant » et résout tous les problèmes à un niveau de conscience plus élevé que celui auxquels ils ont été créés.

La prochaine fois qu'il vous faudra prendre une décision, plutôt que d'essayer d'y parvenir intellectuellement, prêtez attention aux sensations de confort ou d'inconfort de votre corps, et suivez votre intuition. La compréhension intellectuelle est une bonne chose, mais elle ne vous fournit pas la garantie absolue de prendre la bonne décision. Avant d'effectuer un choix, demandez donc à votre corps : *Que ressens-tu à ce propos ?* S'il vous renvoie un signal de bien-être et de joyeuse impatience, allez-y. Si c'est plutôt un message de malaise physique ou émotionnel, soyez prudent. Chaque fois que vous êtes confronté à une situation donnée, demandez à votre corps s'il se sent à l'aise avec ou pas. Si au moment de vous lancer dans un projet, votre corps se sent bien, c'est que c'est la bonne décision. Si une sensation de malaise se fait sentir dans votre corps, c'est que ce n'est pas la bonne chose à faire.

Quand vous n'êtes plus en harmonie avec les rythmes universels, le signal qui vous parvient véhicule un malaise, qu'il soit physique, mental ou émotionnel. Inversement, quand vous êtes en harmonie avec l'univers, ce signal vous apporte un sentiment de bien-être, de facilité ou de joie. Quand vous êtes détendu, que vous vous coulez dans le flot de l'univers, il se manifeste alors entre chaque pulsation cardiaque quelque chose qu'on nomme *variabilité* : c'est la variation naturelle qui caractérise la nature souple de l'univers. Tout est facile et fluide, et c'est le système nerveux autonome qui prédomine. Mais lorsque vous êtes stressé, que vous avez un taux d'adrénaline trop élevé, les battements cardiaques ressemblent à des soldats marchant au pas.

Le cœur n'est pas seulement une pompe ; c'est un organe sentant et pensant. Mais contrairement à l'esprit rationnel, il sent et pense de façon intuitive et créative, avec amour et compassion, en étant lié aux autres et inséparable d'eux. Votre cœur bat grâce à ce qu'on nomme le *centre d'automatisme cardiaque.* Ce n'est pas qu'une seule cellule, mais cent cellules qui agissent à la même fréquence, au même rythme. Chaque cellule a une impulsion électrique, aussi faut-il que ces cent cellules fonctionnent de façon parfaitement cohérente pour qu'elles créent ensemble ce centre d'automatisme cardiaque.

Plus votre cœur fait preuve de souplesse et de variabilité, d'un battement à l'autre, plus vous créez un champ électromagnétique cohérent. À ce moment-là, le reste des cellules adopte cette cohérence et vous irradiez un champ d'énergie électromagnétique homogène, que l'on nomme l'*aura*. L'aura n'est que la cohérence ou la radiation émise par votre cœur. Vous irradiez un champ d'énergie dans l'univers et quand il est cohérent, vous vous mettez en phase avec les éléments et les forces de l'univers. Sitôt que vous vous fondez dans ce flot universel, chacune de vos intentions est synchrone avec l'activité de l'univers. C'est extrêmement puissant, puisque l'activité de l'univers n'est autre que votre propre moi intérieur, émanant d'un niveau d'existence beaucoup plus profond. Si, donc, vous avez un désir « cher à votre cœur », laissez votre intention monter des profondeurs de votre être, là où votre âme se manifeste comme votre cœur. Prêtez attention à votre cœur, même momentanément, et si vous ressentez de l'amour, de la compassion, de la paix ou de l'harmonie, ou encore si vous avez envie de rire, cet état créera un champ électromagnétique cohérent. Laissez alors vos impulsions jaillir du cœur, du tréfonds de votre être, et votre désir orchestrera sa propre réalisation.

Soyez conscient de votre corps en permanence

La seule façon de connaître quelqu'un ou quelque chose dans le monde dit « extérieur », c'est d'être attentif à ce que ressent votre corps. Développez donc une relation sensuelle avec lui, en entretenant une conscience corporelle de tous les instants. Dans toutes vos interactions avec autrui, prêtez attention à votre corps. Lorsque vous regardez des gens, sentez-le. Quand vous les écoutez, soyez son écoute. Écoutez-les de *tout* votre corps. Percevez votre corps comme un champ énergétique d'intelligence unique, vivant, dynamique et joyeux.

Habitez pleinement votre corps en l'imprégnant complètement de votre conscience. Soyez vivant en lui. Sentez la présence de l'esprit en lui. Communiez avec cette présence spirituelle qui réside dans votre corps. Quand vous êtes centré en lui, quand votre esprit l'habite pleinement, vous habitez alors tout l'univers.

Restez branché sur votre corps en étant conscient de la façon dont vous dansez avec l'univers. Quand vous marchez, ayez conscience de marcher. Quand vous êtes assis, ayant conscience d'être assis. Quand vous respirez, ayez conscience de respirer. C'est cela, l'attention à l'instant, centrée sur la vie. Entraînez-vous jusqu'à pouvoir rester ancré dans cette conscience et en faire une habitude permanente. Bientôt, vous réaliserez que dans la danse de l'univers, vous ne marchez pas ; la marche se produit spontanément. Vous n'êtes pas assis ; cette position se manifeste d'elle-même. Et vous ne respirez pas non plus : l'Être unique respire à travers vous.

Soyez attentif aux rythmes et aux cycles de votre corps-esprit

Parvenu à ce stade, peut-être comprenez-vous maintenant que votre corps est tout un univers en soi. Il est la danse de l'univers. C'est pourquoi, le seul fait d'affirmer : *Mon corps est la danse de l'univers*, est l'une des choses les plus importantes que vous puissiez vous dire.

Si vous comprenez la nature mécano-quantique de votre corps-esprit, vous réaliserez que le corps n'est rien d'autre que des vibrations dans le champ unifié, qui donnent naissance aux molécules constituant votre corps.

Au final, le corps n'est que vibration et celle-ci doit correspondre à celles qui constituent l'univers. Cette mise en correspondance, l'adoption d'une relation rythmique, est ce que l'on nomme l'*entraînement*.

C'est un physicien qui a décrit pour la première fois l'entraînement, après avoir réalisé une expérience intéressante avec cinq horloges. Chacune d'entre elles possédait un balancier d'à peu près la même longueur, mais il lança leur oscillation à des moments différents. Au bout d'environ quatre heures, tous les balanciers s'étaient mis à se balancer de façon synchrone, au même rythme. Vous pouvez reproduire cette expérience autant de fois que vous le voulez, et vous verrez que même si vous lancez chaque balancier à un moment différent, au bout d'un certain temps, ils se mettent tous à osciller en rythme.

L'entraînement est un phénomène universel. Il débute dès la conception. Les rythmes d'un fœtus sont entraînés par les rythmes cosmiques, par l'intermédiaire de la physiologie de sa maman. Durant toute la grossesse, le cœur du bébé entraîne celui de sa mère et il continuera de le faire aussi longtemps qu'il restera proche d'elle. Leurs rythmes cardiaques ne seront peut-être pas pareils, mais il existera une relation rythmique entre les deux.

Quand un groupe de femmes vivent ensemble, on constate après quelque temps que leurs cycles menstruels sont synchrones. Lorsque vous êtes en accord ou en désaccord avec quelqu'un, un entraînement se met en place ou s'interrompt, parce que vos pensées stimulent les mêmes champs quantiques que les siens. Quand je suis d'accord avec vous, ma respiration se synchronise spontanément avec la vôtre, et ainsi de suite.

Votre corps fait partie du corps de l'univers et vous pouvez faire en sorte que vos rythmes corporels soient entraînés par les rythmes universels. Comment ? Par l'intermédiaire de vos sens. Qu'est-ce qu'une perception sensorielle, sinon l'absorption d'une information issue de l'univers qui est « extérieure » à votre corps, et son adaptation à celle qui se trouve à l'« intérieur » de votre corps, qui est un univers en soi ?

Si, par exemple, vous introduisez en vous un son qui résonne dans toutes les cellules du corps, sa vibration facilitera l'entraînement. Les voyelles de l'alphabet, dans toutes les langues, sont des sons tonals ou vibratoires dont on peut se servir pour produire une vibration qui s'étendra à toutes les cellules. En français, les sons correspondants sont A, E, I, O, U et OU, et vous pouvez utiliser n'importe lequel d'entre eux. Inspirez profondément, puis, à l'expiration, formez le son d'une voyelle, comme « Aaaaaa », ou « Éééééé », ou encore « Iiiiii ». Du fait de cette vibration, les cellules du corps commencent à s'entraîner les unes les autres.

Voilà une façon de rétablir vos rythmes biologiques et d'entraîner vos rythmes corporels en fonction de ceux de l'univers. Vous pouvez faire de même avec la musique que vous aimez. La musique influence le pouls, les ondes cérébrales, la pression artérielle, les contractions de l'estomac, ainsi que le taux d'hormones associées au stress. Lorsque vous écoutez une musique qui vous plaît, la pharmacie du corps sécrète des endorphines, qui sont les opiacés et les composés morphiniques naturels du corps.

Le sens de la vision a lui aussi une profonde influence sur le corps. Des recherches ont montré que l'information que vous recevez par le biais de vos yeux peut influencer votre rythme cardiaque, votre pression sanguine, la production d'hormones de stress, et ainsi de suite. Lorsque vous contemplez une scène naturelle, comme une forêt, un coucher de soleil ou un arc-en-ciel, vos ondes cérébrales adoptent un profil complètement différent de celui qu'elles ont quand vous regardez une scène urbaine, un complexe industriel ou un parking.

Le sens de l'odorat nous procure également un moyen puissant d'évoquer des sensations plaisantes dans le corps. Le parfum d'une rose ou de toute odeur qui vous plaît peut évoquer un sentiment d'harmonie et de joie. On sait que certains arômes stimulent le corps-esprit ; d'autres le détendent. Il existe de nombreux livres d'aromathérapie qui vous aideront à expérimenter par vous-même l'effet de telle ou telle huile essentielle.

La moindre information sensorielle – qu'il s'agisse de ce que vous voyez, entendez, sentez, goûtez ou touchez – modifie la chimie du corps-esprit en moins d'un centième de seconde. Sachant cela, on peut choisir une source sensorielle adéquate, afin d'influencer notre chimie intérieure dans un sens positif.

En théorie, si vous étiez totalement en phase avec le cosmos, en parfaite harmonie avec ses rythmes, si vous n'aviez aucun stress, il n'y aurait pratiquement plus d'entropie dans votre corps. Celui-ci ne vieillirait donc pas, si vous étiez absolument synchronisé avec les cycles de l'univers. Ou s'il subissait une certaine entropie, ce serait à l'échelle de l'univers, qui se compte en cycles cosmiques d'une durée gigantesque. Mais votre corps-esprit n'est pas parfaitement ajusté à ces rythmes cosmiques. Pour quelle raison ? À cause du stress. Vous voyez, sitôt que vous avez une pensée, n'importe laquelle, elle interrompt la tendance naturelle des rythmes biologiques à se laisser entraîner par ceux de l'univers.

Mais si vous prêtez attention aux rythmes et aux cycles de votre corps-esprit, et si vous vous familiarisez avec les rythmes cosmiques, vous constaterez que vous pouvez synchroniser vos rythmes corporels avec ceux de l'univers. Il n'est pas nécessaire d'être un expert, il suffit d'y consacrer un peu d'attention. Observez par exemple comment vous vous sentez différent à tel moment de la journée ou à diverses périodes du mois, en fonction du cycle lunaire. Regardez le ciel et observez les cycles de la lune. Si vous lisez le journal, vérifiez aussi les marées hautes et basses. Mettez-vous à l'écoute de votre corps et voyez comment il réagit à chaque saison. Comprenez bien que ces rythmes peuvent vraiment vous aider, même si l'information qui suit est tout ce dont vous deviez vraiment vous souvenir.

Entre six et dix heures du matin, et entre six et dix heures du soir, votre corps est hypométabolique, c'est-à-dire dans la phase la plus basse de son métabolisme. Essayez de passer du temps en silence vers six heures du matin et six heures du soir. Idéalement, il est préférable de méditer dans la première partie de cette phase et de s'exercer en son milieu, surtout si vous le faites pour perdre du poids.

C'est entre dix heures du matin et deux heures de l'après-midi que le métabolisme est à son plus haut. C'est le moment de faire votre repas principal, parce que le corps métabolisera d'autant mieux la nourriture. Entre quatorze heures et dix-huit heures, la période est opportune pour être actif, pour développer de nouvelles aptitudes mentales ou pour faire de l'activité physique. Enfin, entre deux heures et six heures du matin, c'est le bon moment pour rêver.

Vers six heures du soir, et si possible avant le coucher du soleil, il est bon de dîner. Il vaut mieux que ce soit un repas léger, séparé d'au moins deux ou trois heures de l'heure du coucher. Ensuite, essayez de vous coucher vers vingt-deux heures ou vingt-deux heures trente, ce qui vous garantira un sommeil idéal et des rêves formidables.

Ce ne sont là que des suggestions très basiques, mais une fois que vous aurez commencé à synchroniser vos rythmes avec ceux de l'univers, votre corps se sentira autrement. Vous le trouverez plus dynamique ; il ne se fatiguera plus. Subjectivement, vous aurez l'impression d'avoir un surcroît d'énergie. Vous commencerez alors à connaître un état de conscience où toutes choses surviennent avec fluidité et facilité dans votre vie. Et quand ce sera pleinement le cas, vous vivrez en état de grâce.

La pleine santé n'est pas la seule absence de maladies ; c'est un sentiment joyeux que vous devriez connaître intérieurement en permanence. C'est un état de bien-être positif, non seulement physique, mais aussi émotionnel, psychologique et même spirituel. Ce n'est pas la technologie qui vous procurera la santé. Vous y parviendrez en vous mettant en phase avec les forces de l'univers, en sentant que votre corps fait partie de celui de la nature, en communiant avec elle, ainsi qu'avec votre âme, et en vous réservant des moments de silence et de solitude.

Votre corps n'est pas seulement le support physique de votre vie ; c'est l'expression de votre âme, dans son parcours évolutif. Le corps est un temple sacré dans lequel vous avez fait halte quelques instants, au cours de votre cheminement cosmique. Veillez à ce qu'il reste propre et pur. Écoutez-le quand il vous réclame des moments de plaisir et même d'extase. Vous êtes un enfant privilégié de l'univers, et le corps est votre demeure, pour l'instant. La caravane de la vie fera d'autres haltes à d'autres endroits, en d'autres époques. Vous effectuez un parcours de guérison et de transformation, et c'est en ce moment même que vous avez l'occasion de faire votre prochain saut quantique de créativité.

Points-clés

- Soyez à l'écoute de la sagesse de votre corps.
- Préservez une conscience corporelle de chaque instant.
- Prêtez attention aux rythmes et aux cycles de votre corps-esprit.

• 12 •

L'infini

« Les vents de la grâce ne cessent de souffler :
Il ne tient qu'à nous de tendre nos voiles. » – Ramakrishna

Lorsque ma petite-fille avait quatre ans, je l'ai emmenée faire un tour sur la plage. C'était une nuit magnifique, on voyait la lune et les étoiles. Je me suis tourné vers elle et je lui ai dit : « Tara, je t'aime beaucoup. »

À peine avais-je fini ma phrase qu'elle m'a demandé : « Combien ?… ».

J'ai répondu : « Eh bien, je t'aime plus que les étoiles et la lune. »

Ma réponse à peine achevée, elle m'a demandé : « Pourquoi ? ».

Je lui ai dit : « Parce que tu es venue de là-bas. »

Et elle : « Comment ça ? »

Je me suis dit : *Je ne sais pas si je vais réussir à lui expliquer cela, mais je vais essayer.* « Tu sais, Tara, quand tu manges des fruits et des légumes, c'est la lumière du soleil, des étoiles et de la lune qui les a faits. Et en les mangeant, tu absorbes la lumière des étoiles pour construire ton corps, car tout provient de la lumière. Tu es un être de lumière et ton corps est fait de lumière. » Puis, il m'est venu une autre pensée et j'ai ajouté : « Même tes yeux sont faits de lumière. Les étoiles t'ont donné des yeux afin que tu puisses les contempler. »

Tara s'est alors mise à réfléchir et réfléchir encore, et pour la première fois, elle gardait le silence. Mais au moment de quitter la plage, elle m'a dit : « Grand-père, lève les yeux vers le ciel. Les étoiles ont envie de se contempler. »

Et c'est vrai. L'Être infini, le *chant unique* qui est l'univers, se meut, respire et se regarde à travers votre corps. L'univers se regarde sous la forme d'étoiles. Il se regarde sous la forme de la chaise sur laquelle vous êtes assis. Il se regarde aussi sous la forme de vous et de moi. Nous sommes les yeux et les oreilles de l'univers. L'univers se contemple, se goûte, se sent, se touche et s'entend d'une infinité de façons, à travers chaque créature : une abeille, un oiseau, une antilope, un papillon.

Si vous pouviez n'avoir qu'un tout petit aperçu de la manière dont l'univers s'exprime à travers vous, vous deviendriez alors un meilleur canal pour son expression. Il n'est rien que vous ne puissiez être, faire ou avoir, mais pour cela, il faut que vous – ou ce que vous croyez être – s'ôte du chemin. Il suffit d'un changement d'attitude, c'est tout.

Laissez simplement l'univers, l'infini, s'exprimer à travers vous sans interférence. Permettez à l'infini de se voir à travers vous, de se penser à travers vous, de se connaître à travers vous. Au niveau le plus profond de votre être, vous êtes déjà puissant et libre. Quand l'intelligence universelle s'écoule librement à travers vous, sans interférence, votre vie se déroule avec parfaite aisance. C'est cela l'état de grâce.

Par l'intermédiaire de votre corps-esprit, vous créez et percevez le monde des objets et des événements, dans l'espace-temps. Par le biais de votre intellect, vous créez et percevez le monde des idées. Mais ce n'est qu'à travers votre âme que vous pouvez créer et percevoir l'univers du pouvoir, de la liberté et de la grâce. Au tréfonds de votre être se trouve la lumière de l'Être pur, de l'amour pur et de la joie pure. Quand vous y établissez votre conscience, un nouveau monde s'ouvre à vous. Ce monde-là est illimité, infini, éternel et joyeux. Il peut devenir *votre* monde, si vous le désirez. En lui n'existe aucune limite à votre pouvoir, à votre liberté et à la grâce qui vous habite.

Comprenez bien les idées contenues dans ce livre, suivez les suggestions qu'il comporte, et les mystères de l'existence se révéleront à vous. *Qui êtes-vous ? Que voulez-vous ?* Connaître les réponses à ces questions, c'est connaître son vrai moi. Une fois que vous connaîtrez votre vrai moi, vous connaîtrez aussi le bonheur, le véritable enivrement de l'amour et la fluidité de l'esprit dans sa pure essence, sans obstacles, sans restrictions, débordant de mystère, de magie et d'aventure.

Le bonheur réside dans le royaume de l'esprit. Trouver le bonheur, c'est découvrir son âme. Et découvrir son âme, c'est s'établir dans la source d'un bonheur durable. Il ne s'agit plus d'un bonheur pour telle ou telle raison, qui ne serait qu'une autre forme de malheur. Le bonheur dont nous parlons est pure félicité et il vous accompagne où que vous alliez.

L'ancien et le nouveau paradigme

Le tableau qui suit illustre le regard que l'ancien et le nouveau paradigme portent sur nous-mêmes et sur le monde où nous vivons. Grâce à la science, nous sommes en train de passer à un nouveau paradigme qui affecte non seulement notre corps-esprit, mais l'interprétation même que nous faisons de la nature. Ce changement de façon de penser considère le corps-esprit comme l'expression d'un tout plus vaste.

L'ancien paradigme	Le nouveau paradigme
La superstition matérialiste stipule que nous sommes à la fois séparés de notre source et les uns des autres.	Le champ unifié de pure conscience affirme que nous sommes à la fois reliés à notre source et les uns aux autres.
Le monde est composé de matière visible et solide, et d'énergie invisible et non matérielle.	Le monde est composé d'un seul champ d'intelligence sous-jacent, non manifesté, qui se manifeste à travers l'infinie diversité de l'univers.
Notre perception sensorielle – ce que nous pouvons voir, entendre, sentir, goûter ou toucher – nous procure le test le plus fiable de la réalité.	La perception subjective du champ d'intelligence donne naissance à l'esprit ; la perception objective du même champ crée le monde des objets matériels.

L'ancien paradigme	Le nouveau paradigme
Les objets solides, ou les amas de matière visible, sont séparés les uns des autres, dans le temps et dans l'espace.	Les objets « solides » ne sont pas solides du tout, pas plus qu'ils ne sont séparés les uns des autres dans le temps ou l'espace. Les objets sont des points focaux, ou des concentrations d'intelligence, au sein même du champ d'intelligence.
L'esprit et la matière sont deux entités distinctes et indépendantes.	L'esprit et la matière sont fondamentalement la même chose. Tous deux sont le produit du champ de pure conscience qui conçoit et construit le monde dans son intégralité.
Le corps est une machine physique qui, on ne sait trop comment, a appris à penser.	La conscience infinie crée l'esprit, Dieu sait comment, et s'exprime à travers le corps. Le corps-esprit est le champ de pure conscience lui-même.
Les humains sont des entités en soi, aux limites corporelles bien définies.	Les êtres humains sont inséparablement liés à la structure intelligente de tout l'univers. Aux niveaux les plus fondamentaux de la nature, il n'existe aucune frontière bien établie entre notre corps personnel et l'univers.

L'ANCIEN PARADIGME	LE NOUVEAU PARADIGME
Le corps humain se compose de matière figée dans le temps et dans l'espace.	Le corps-esprit humain est une structure intelligente changeante et pulsante, qui ne cesse de se recréer.
Nos besoins sont distincts de ceux des autres êtres vivants.	Nos besoins sont interdépendants et inséparables de ceux des autres êtres vivants.
Le monde extérieur est réel, parce qu'il est physique. Notre monde intérieur est irréel, parce qu'il n'existe que dans notre imagination.	Le monde extérieur et le monde intérieur sont des projections de l'Être unique, source de toute la création. Tous deux sont des structures d'énergie mobiles, au sein de la conscience infinie.
La superstition matérialise stipule que nous vivons dans un univers local.	Le champ unifié de pure conscience affirme que nous vivons dans un univers non local.
La localisation dans l'espace est un phénomène absolu.	Dans le cosmos, chaque chose est non locale, ce que signifie qu'il est impossible de la limiter à ici, là ou n'importe où ailleurs.
La localisation dans l'espace existe indépendamment de tout observateur.	La localisation dans l'espace est une question de perception. Proche ou éloigné, haut ou bas, est ou ouest : ces adjectifs ne sont vrais que du point de vue d'un observateur précis.

L'ancien paradigme	Le nouveau paradigme
L'esprit pensant est localisé dans le cerveau, et l'intelligence du corps, dans le système nerveux.	L'esprit pensant fait partie d'un vaste champ d'intelligence non locale, qui s'étend bien au-delà des confins du cosmos. L'intelligence du corps provient de ce même champ non local.
La superstition matérialise stipule que nous vivons dans un univers soumis au temps.	Le champ unifié de pure conscience affirme que nous vivons dans un univers atemporel.
Le temps est un phénomène absolu.	Le temps est un phénomène relatif. Les physiciens n'utilisent d'ailleurs plus le mot *temps* ; ils parlent du *continuum espace-temps.*
Le temps est local, limité et on peut le mesurer.	Le temps est non local, incommensurable et éternel. Le fait qu'on puisse localiser le temps n'est qu'une notion, qu'un artifice de la perception, basé sur la qualité de notre attention.
Les humains se trouvent dans une vaste trame temporelle qui comporte le passé, le présent et le futur.	Il n'existe ni passé ni futur, ni alors ni maintenant, ni avant ni après ; il n'existe que l'éternel instant. L'éternité s'étend vers l'arrière et vers l'avant, à partir de chaque instant.

L'ANCIEN PARADIGME	LE NOUVEAU PARADIGME
Le temps existe indépendamment de l'observateur.	Le temps n'existe que dans l'esprit de l'observateur. Le temps est un concept, un dialogue intérieur qui nous sert à expliquer notre perception du changement.
Les choses arrivent l'une après l'autre. Le monde fonctionne par relations linéaires de cause à effet.	Tout arrive simultanément, et chaque chose est corrélée et instantanément synchronisée avec toutes les autres.
Notre interprétation du temps n'a aucun impact sur notre état physiologique.	Notre interprétation du temps provoque des changements physiologiques dans le corps. L'entropie et le vieillissement sont en partie l'expression de la façon dont nous métabolisons ou interprétons le temps.
La superstition matérialiste stipule que nous vivons dans un univers objectif.	Le champ unifié de pure conscience affirme que nous vivons dans un univers subjectif.
Le mot « là-bas » est complètement indépendant d'un observateur donné.	Le mot « là-bas » n'existe pas, en l'absence d'observateur ; c'est la réaction d'un observateur. Par l'acte même d'observer, nous construisons le monde dans lequel nous vivons.

L'ANCIEN PARADIGME	LE NOUVEAU PARADIGME
L'observation est un phénomène automatique. Nos sens sont capables d'interpréter une réalité objective de manière objective.	Nous vivons dans un univers participatif. Nous apprenons à interpréter le monde par l'intermédiaire de nos sens, ce qui donne naissance à notre interprétation.
Notre monde intérieur et notre monde extérieur dépendent de nos relations, de notre environnement, ainsi que des situations et circonstances qui nous entourent.	Notre monde intérieur et notre monde extérieur se manifestent conjointement, de façon interdépendante, en fonction du niveau vibratoire de notre esprit.

Le Vedanta, l'une des plus antiques philosophies du monde, se fonde sur les *Veda* et les *Upanishad*, qui sont les écritures les plus anciennes et les plus sacrées de l'Inde. On dit de ces écrits, considérés par de nombreux historiens comme étant les plus vieux textes de l'humanité ayant survécu à ce jour, qu'ils ont été révélés par Dieu, plutôt qu'inventés par des humains.

Le terme *veda* signifie connaissance et l'on estime que les *Veda* existent depuis l'aube de la création. Des siècles avant qu'ils ne soient consignés par écrit, ils étaient transmis oralement de maître à disciple, sous la forme de strophes exactes, chantées selon des motifs précis de la gamme à trois notes.

Le Vedanta dit que notre nature est divine. Le Moi divin est la réalité sous-jacente et la source de tout ce qui existe. Accéder à une réalisation expérientielle de cette vérité est le but du Vedanta. Révéré pour sa sagesse millénaire, le Vedanta est une philosophie éternelle qui exprime le cœur de toutes les religions et de toutes les doctrines spirituelles.

Deepak Chopra est l'un des leaders les plus renommés du monde de la santé holistique et du potentiel humain. Auteur du best-seller mondial, *Les 7 lois spirituelles du succès*, et de nombreux autres livres qui traitent de la psyché, du corps et de l'esprit, il a été traduit dans plus de cinquante langues et voyage dans le monde entier pour promouvoir la paix, la santé et le bien-être. Deepak Chopra est aussi le fondateur et le directeur exécutif du Chopra Center à Carlsbad, en Californie.

Son site Internet : www.chopra.com

Table des matières

DEUXIÈME PARTIE

L'ORDONNANCE

TROISIÈME PARTIE

LA PRATIQUE

EN COLLABORATION AVEC AGM
48, chemin du Bas des Vignes
85770 vix

Achevé d'imprimer par Corlet, Imprimeur, S.A. - 14110 Condé-sur-Noireau
N° d'Imprimeur : 96975 - Dépôt légal : décembre 2006 - *Imprimé en France*